Jizchak Schwersenz

Die versteckte Gruppe

Ein jüdischer Lehrer erinnert sich an Deutschland

Wichern-Verlag

CIP-Titelaufnahme der Deutschen Bibliothek

Schwersenz, Jizchak:
Die versteckte Gruppe: e. jüd. Lehrer erinnert sich an Deutschland / Jizchak Schwersenz. – Berlin: Wichern-Verl., 1988
ISBN 3-88981-036-5

Redaktion: Barbara Zillmann

Herstellung: Wichern-Verlag, Berlin
ISBN: 3-88981-036-5

Inhalt

„Hab' ich dir nicht geboten, sei stark und fest?
Nicht sei zag und bang; denn mit dir ist
der Ewige, dein Gott, überall, wo du gehest."

Josua 1, 9

Die Nachricht

Der Sommer 1941 ist vorüber. Das letzte Fest der jüdischen Herbst-Feiertage, das „Fest der Gesetzesfreude", geht zu Ende. In der Dämmerstunde, bevor zwischen Fest- und Werktag unterschieden wird, versammeln sich die etwa hundert Jungen und Mädchen der jüdischen Jugend-Alija-Schule in der Artilleriestraße 14 im Zentrum Berlins. Der Raum ist geschmückt, denn der Feiertag soll durch einen Festgottesdienst verabschiedet werden. Wir sitzen im Halbkreis um einen kleinen Tisch mit Kerzen und beginnen wie üblich mit einem Lied: „Hine, ma tow u-ma najim schewet achim gam jachad ..." (Siehe, wie schön und herrlich ist es, wenn Brüder einträchtig beieinander sitzen).

Während wir den Vers aus dem 133. Psalm singen, wirken alle glücklich und gelöst. Wenn auch die Gesetze und Schikanen der Nationalsozialisten längst Tragisches über diese Kinder und ihre Familien gebracht haben, so ist uns eines noch geblieben: Wir können als Brüder und Schwestern zusammensein, miteinander singen, lernen und feiern.

Schweren Herzens lasse ich an meinem Auge vorüberziehen, was ich eine Stunde zuvor erlebte – und was bald auch diese Kinder hier erfahren müssen. Mit unserer Jugendführerin Lotte Kaiser war ich, wie so häufig in diesen Tagen, im Büro der Jüdischen Gemeinde gewesen, um Genaueres über unsere Lage zu erfahren. In den letzten Tagen hatte das Gerücht die Runde gemacht, nun werde es auch in Berlin, wie schon in anderen Gebieten des Reiches, Deportationen geben. Dieses Wort war bis dahin von uns nicht verwandt worden. Man sprach von „Evakuierung"; die deutschen Behörden hatten in einem Erlaß den Begriff „Abwanderung" geprägt und jeden anderen Ausdruck verboten. Tatsächlich hatte man uns nun im Büro bestätigt, daß dieser furchtbare Schrecken auch in Berlin einziehen würde. Wir sprachen mit Dr. Pick vom Palästina-Amt über Möglichkeiten, unsere Kinder zu schützen, waren aber angehalten worden, strengste Vertraulichkeit zu wahren. Ich überlege nun fieberhaft, wie ich die Kinder auf das Kommende vorbereiten kann.

Einer unserer Jungen beginnt die Feier mit einem Gedicht, das von den frohen, beglückenden Festtagen Abschied nimmt und die Gefühle eines Menschen zum Ausdruck bringt, der aus der Freude der Feiertage in den Alltag und die festlose Winterzeit gehen muß.

Draußen geht ein Frösteln, und die Welt ist müd,
längst schon ist des Sommers Feuer abgeglüht.
Nach den reichen Stunden – dieser schmale Rest,
nach den stolzen Tagen – dieses enge Nest,
nach den Siegesträumen – dieses schwache Zelt,
nach der Weltenweite – diese Bretterwelt.

Die Chawera (Kameradin) Inge liest einen Bericht über die Feier in vergangenen Zeiten vor, und wir hören, wie die jüdischen Menschen im fernen Palästina das Fest erleben. Danach wird die Tora ausgehoben, und die Jungen lesen laut die letzten Worte aus den Büchern der Heiligen Schrift. Der alte Brauch schreibt vor, daß sie sich am Ende das Wort zurufen, das wir auch unter den jüdischen Pfadfindern als Gruß gebrauchen: „Sei stark und fest!" Dieses Wort, das schon unsere Väter und Vorväter einander zugerufen haben, wenn sie die Tora beendeten – auf allen ihren Wegen und Wanderungen, bei den furchtbaren Ereignissen des Mittelalters und auch später zu allen Zeiten der Judenverfolgung – dieses Wort stärkt in mir den Entschluß, den Kindern heute schon die Gefahr anzudeuten. Während die Tora-Rollen noch auf dem Tisch liegen und die Mädchen und Jungen den Blick auf mich richten, um wie immer zu Beginn einer Woche ermunternde Worte zu hören, beginne ich stockend:

„Wir haben uns gerade unser altes Wort ‚Sei stark und fest' zugerufen, und wenn wir jemals diesen gegenseitigen Zuspruch benötigten, dann jetzt. Wir haben in den letzten Jahren vieles gemeinsam ertragen und immer gemeint, daß es das Schwerste sei. Heute aber muß ich von einem Beschluß sprechen, der über uns verhängt worden ist, und der noch viel Schwereres bringen wird, als wir uns bisher vorstellen konnten ..."

Der Leser wird fragen: Wer waren die jungen Menschen, die sich hier zu einem Fest versammelt hatten und dann von Trennung, Verschleppung und Gefahr hörten? Wer waren ihre Leiter, die den Jugendlichen Nachrichten überbringen mußten, die für das europäische Judentum schwerste Geschichte geworden sind? Wie konnte es zu dieser Situation kommen? Hatten die Juden in Deutschland nicht sehen können oder nicht sehen wollen, was ihnen drohte?

Der Herbst 1941 war ein tragischer Wendepunkt im Leben der deutschen Juden. War bis dahin jüdischer Alltag in kleinen und kleinsten Nischen noch möglich gewesen, so ging es jetzt, das ahnten wir, um unsere Existenz. Ich stand als Leiter der Jugend-Alija-Schule an verantwortlicher Stelle in der zionistischen Jugendbewegung, der dieses Buch gewidmet ist. Was hatten wir, so mußte ich mich fragen, mit unserer Arbeit ausrichten können? Wie sollte es weitergehen? Konnte es überhaupt noch weitergehen?

Um den Lesern die Möglichkeit zu geben, sich in das Geschehen von damals hineinzuversetzen und zu einem Verständnis der Zeit und ihrer Menschen zu gelangen, möchte ich zunächst die bewegten Jahre vom deutschen Kaiserreich bis hin zum Hitler-Regime skizzieren: so, wie deutsche Juden sie erlebten und wie sie mir aus Kindheit und Jugend in Erinnerung geblieben sind.

Jüdische Kindheit in Berlin

Als ich im zweiten Jahr des Ersten Weltkrieges, am 30. Mai 1915, in Berlin geboren wurde, kämpfte mein Vater „mit Gott für Kaiser und Reich“. Er kämpfte Seite an Seite mit deutschen Soldaten an der Ostfront, an der gleichen Stelle, an der er 30 Jahre später von deutscher Hand ermordet wurde. Wilhelm Schwersenz, geboren 1886, war damals neunundzwanzig Jahre alt und wie fast das gesamte deutsch-jüdische Bürgertum ein Kaufmann des gehobenen Mittelstandes. Er war überzeugt vom Recht des „vaterländischen Kampfes“, den das deutsche Kaiserreich gegen seine Nachbarn führte, und teilte die patriotische Gesinnung vieler Zeitgenossen. Er fühlte sich als Deutscher, denn die Reichsverfassung von 1871 hatte den Juden endlich alle staatsbürgerlichen Rechte und Freiheiten zuerkannt. Sogenannte „Judenparagraphen” gab es nun nicht mehr: Alle religiösen, beruflichen und politischen Einschränkungen waren aufgehoben worden. Die Stellung der Juden in der Gesellschaft besserte sich zusehends, und in Wirtschaft, Wissenschaft und Kultur des Kaiserreiches brachten es jüdische Bürger zu großem Ansehen und Erfolg. Die jüdische Religion war ein Teil des öffentlichen Lebens geworden. Stolz erzählte mir der Vater immer wieder, wenn wir an der Synagoge des Berliner Westens in der Fasanenstraße vorübergingen, daß Kaiser Wilhelm II. sie 1912, kurz nach der Einweihung, persönlich besucht hatte. Mein Vater fühlte sich ganz als Preuße. Ich erinnere mich noch, wie wir einmal auf der Charlottenburger Chaussee im Tiergarten spazierengingen und uns der Wagen des Reichspräsidenten von Hindenburg entgegenkam. Mein Vater nahm augenblicklich Haltung an, schlug die Hacken zusammen und verbeugte sich tief vor seinem Generalfeldmarschall.

Wohl gab es in der deutschen Bevölkerung einen tief verwurzelten Antisemitismus, der Juden, einem ungeschriebenen Gesetz zufolge, von bestimmten gesellschaftlichen Privilegien weitgehend ausschloß. So blieb es die Ausnahme, daß Juden in der Beamten-

oder Militärlaufbahn Karriere machten. Sie bewarben sich in der Regel gar nicht erst um solche Ämter; wer es dennoch tat, ließ sich vorher taufen, um – mit Heinrich Heine gesprochen – das „Entrée-Billet zur europäischen Kultur“ zu erlangen. Juden waren vorwiegend als Kaufleute in Handel und Industrie tätig, jüdische Intellektuelle in der Wissenschaft, in den freien Berufen als Ärzte, Rechtsanwälte, Künstler oder in der Presse. Die deutschen Universitäten wurden stark frequentiert, weit mehr, als es dem jüdischen Bevölkerungsanteil entsprach.

Der zunehmende jüdische Einfluß im Kaiserreich nährte aber auch unterschwellige Ressentiments. Schriften wie die des Franzosen Graf Gobineau „Essai sur l'inégalité des races humaines“ (Über die Ungleichheit der Menschenrassen, 1853–1855) und „Die Grundlagen des 19. Jahrhunderts” (1900) von Houston Steward Chamberlain, deutsche Pamphlete, Traktätchen und Propagandaschriften verbreiteten antijüdische Lehren, die zu einer Art Modethema wurden. Nationalistisch und antiliberal eingestellte Parteien und Verbände nahmen den Antisemitismus in ihr Programm auf. Im Mittelpunkt stand dabei nicht nur die religiöse, sondern eine „völkische” bzw. „rassische“ Andersartigkeit der Juden. In Zeiten eines wachsenden Nationalismus sah man darin eine Gefahr für Deutschland. Hinzu kam, daß die Juden traditionell liberale Parteien unterstützten, die dem Nationalismus kritisch gegenüberstanden. Im allgemeinen hatten jüdische Bürger aber keine tätlichen Angriffe zu befürchten; allein an den Hochschulen kam es immer wieder zu Ausschreitungen.

Vor solchen „Randerscheinungen” des öffentlichen Lebens verschlossen die meisten deutschen Juden Auge und Ohr. Man fühlte sich vor allem in den großen Städten frei wie nie zuvor, bürgerlicher Wohlstand schien gesichert, die Jüdische Gemeinde und viele andere Einrichtungen konnten ungestört arbeiten, neue Synagogen wurden gebaut – was wollte man mehr?

Eine vielbeachtete Antwort gab der 1893 gegründete „Centralverein deutscher Staatsbürger jüdischen Glaubens“ (CV). Sein Ziel war es, deutsche Juden zur Wahrung ihrer staatsbürgerlichen und sozialen Rechte zusammenzuschließen und sie in der „Pflege deutscher Gesinnung zu bestärken“. Man wollte den vorhandenen Vorurteilen durch Assimilation begegnen und versuchte, Konflikte durch bewußte Identifikation mit der deutschen Nation und Kultur zu entschärfen. Der CV gewann in kurzer Zeit zahlreiche Mitglieder und sprach vor allem diejenigen an, die in Deutschland ihre Heimat sahen.

Wenige Jahre später, im Juni 1897, wurde die „Zionistische Vereinigung für Deutschland“ als Teil der „Zionistischen Weltorganisation” gegründet, die auf dem 1. Baseler Zionistenkongreß im gleichen Jahr entstanden war. In Anlehnung an die Schrift des Journalisten Theodor Herzl „Der Judenstaat” (1896) ging man davon aus, daß Verfolgung und Diskriminierung des jüdischen Volkes nur durch Gründung eines eigenen Gemeinwesens in Palästina ein Ende finden könnten.

Schon in den letzten Jahrzehnten des 19. Jahrhunderts waren Juden, vorwiegend aus Rußland, nach Palästina ausgewandert. Die Alija („Aufstieg”, jüdische Einwanderung) nach Erez Israel (Land Israel) wurde nun zum Programm des internationalen Zionismus. Erst 1922 konnte mit der englischen Mandatsregierung in Palästina ein Abkommen getroffen werden, das eine legale, aber zahlenmäßig begrenzte jüdische Einwanderung ermöglichte. Die frühen Einwanderer entwickelten die Siedlungsform des Kibbuz, eine landwirtschaftliche Genossenschaft mit kollektiven Lebensformen. In den Exilländern versuchten zionistische Gruppen, jüdische Tradition neu zu beleben und Menschen für die Aufbauarbeit in Palästina zu gewinnen.

Die zionistische Bewegung wurde von weiten Kreisen des deutsch-jüdischen Bürgertums als ein Rückschritt in die Vergangenheit betrachtet, der die endlich erreichte „staatsbürgerliche Emanzipation” erneut gefährdete. Den Zionisten war daher der Beitritt zum Centralverein verwehrt, und sie blieben zunächst eine Minorität innerhalb der jüdischen Gesellschaft. Nachdenkliche Juden sahen aber auch die Zeichen der Zeit: Die Judenverfolgungen im zaristischen Rußland und in anderen europäischen Ländern, aber auch der deutsche Antisemitismus schienen den Zionisten recht zu geben. So entstanden im deutschen Kaiserreich zionistische Verbände und Vereinigungen in vielen gesellschaftlichen Bereichen. Ab 1912 gab es eine zionistische Studentenvereinigung, und 1913 entstand der erste zionistische Jugendbund, der Wanderbund „Blau-Weiß", der die jüdische Jugendbewegung in Deutschland begründete.

Meine Eltern, liberale Juden und gute Deutsche, wollten von alldem damals nichts wissen. Wenn mein Vater am Frühstückstisch gemütlich rauchend das „Berliner Tageblatt" las, worin von blutigen Pogromen in Polen die Rede war, pflegte er wie viele in jener Zeit zu sagen: „Sehr traurig, aber in unserem deutschen Rechtsstaat kann so etwas nicht passieren!" Die Atmosphäre in meinem Elternhaus war von einem Gefühl der Sicherheit, von Zuversicht und Staatsvertrauen geprägt.

Die deutsche Republik, die 1918 das Kaiserreich ablöste, brachte für die Juden zunächst keine Veränderung. Die liberale Weimarer Verfassung, von dem Juden Hugo Preuß entworfen, hatte die allgemeinen Menschenrechte aufgenommen und so die Gleichberechtigung der Juden noch einmal bekräftigt. Als ich im Winter 1918 mit meiner Mutter, Helene Schwersenz, spazierenging, begrüßte mich eine Nachbarin mit den Worten: „Guten Tag, du kleiner Republikaner!" und schenkte mir ein schwarz-rot-goldenes Fähnchen. Damals, in der Nassauischen Straße 20 in Wilmersdorf, fühlte ich mich als jüdisches Kind in keiner Weise angefochten. Meine Spielkameraden fand ich in christlichen Nachbarsfamilien; mit ihnen saß ich vor dem Weihnachtsbaum und sang „Stille Nacht, heilige Nacht", und heute noch kann ich viele christliche Weihnachtslieder auswendig.

1921, nach der Scheidung meiner Eltern, zog ich mit der Mutter nach Charlottenburg in die Berliner Straße 154 ans „Knie" (heute Ernst-Reuter-Platz). Unsere Straße traf dort auf die große Charlottenburger Chaussee, und wer immer aus der Stadtmitte zum Schloß kam, mußte diesen Knick, das „Knie", passieren. Man erzählte sich, die Kaiserin selbst habe diesen Ausdruck geprägt.

In Charlottenburg kam ich zur Schule. Ich besuchte von 1921 bis 1925 eine allgemeine Volksschule, die Gemeindeschule 15/16 in der Spreestraße nahe am Charlottenburger Rathaus. Hier gab es unter vierzig Schülern nur einen einzigen jüdischen Mitschüler, und ich ahnte zum ersten Mal, was jüdische Galut (Exil) bedeutete. Es verging kaum ein Tag, an dem wir nicht von den Mitschülern behelligt wurden. Ständig hänselten und verhöhnten sie uns. Es wurden Spottlieder gesungen, und auf dem Schulhof rief man uns „Jude Itzig“ nach. Der Heimweg war manchmal eine wahre Pein, oft wurden uns Steine nachgeworfen. Die redlichen Erklärungen unseres Klassenlehrers Herrn Richter, daß „alle Menschen gleich und Juden ja auch Menschen“ seien, hatten wenig Erfolg.

Mein jüdischer Schulkamerad hieß Simon Pfeifenkopf und war ostjüdischer Herkunft. Dieser Name, der den anderen Kindern viel Anlaß zum Spott gab, ging auf die antisemitische Namensgebung zurück, die sich arme Juden in Österreich und Ungarn hatten gefallen lassen müssen. Simon erzählte mir, wie sein Großvater zur „Namensgebung“ auf die Polizeiwache gerufen wurde. Als dem Polizisten dort kein Name einfallen wollte, blickte er grinsend auf die Pfeife des Großvaters und entschied: „Pfeifenkopf“.

Wie die meisten Familien des jüdischen Mittelstandes lehnten auch meine Eltern die russischen und polnischen Juden ab, die seit der Jahrhundertwende in großer Zahl als Flüchtlinge oder Arbeiter nach Deutschland gekommen waren und sich vor allem in Berlin niederließen. Viele Ostjuden standen dem Zionismus nahe; sie brachten traditionell-jüdische Lebensformen mit und waren meist arm. Den wohlhabenden deutschen Juden galten sie als „unkultiviert”. Meine Eltern vermieden jede persönliche Beziehung zu diesen Menschen, denn aus ihrer Sicht waren sie es, die den Antisemitismus „nach Deutschland gebracht“ hatten. So durfte ich eher mit einem christlichen Nachbarjungen spielen als mit Simon Pfeifenkopf. In der Schule aber waren wir beide, ost- und westjüdisches Kind, einander gleich, denn wir waren demselben Spott, denselben Gemeinheiten ausgesetzt. Ich hielt daher im stillen zu Simon Pfeifenkopf und besuchte heimlich auch das Haus seiner Familie in der Krumme Straße. Dort lernte ich Menschen und Lebensgewohnheiten der ostjüdischen Welt kennen. Simon hat mir vieles erklärt, und er konnte mich begeistern für etwas, das ich bis dahin nicht kannte: die Traditionen des religiösen Judentums.

Neben der Schule besuchte ich zweimal wöchentlich am Nachmittag eine der etwa vierzig jüdischen Religionsschulen Berlins. Hier kam ich vier Stunden in der Woche mit anderen jüdischen Kindern aus unserem Wohnbezirk zusammen. Ich verdanke der Religionsschule die ersten Grundlagen in der hebräischen Sprache und in jüdischem Wissen. Aber wie seltsam kam mir diese Schule vor: Sie hatte keinerlei Zwangsmittel; der Schulbesuch war freiwillig und in das private Ermessen jüdischer Eltern gestellt. So wurde der Nachmittagsunterricht von vielen Kindern gar nicht ernst genommen. Ich besuchte die Religionsschule mit großem Eifer. Besonders gern hatte ich den Unterricht des Schulleiters, Rabbiner Dr. Emil Levy von der konservativen Synagoge Pestalozzistraße. Er nahm sich meiner besonders an, denn er spürte mein religiöses Interesse. Orthodox-jüdische Verwandte, die noch strenggläubig am Judentum hingen, hatten mich schon mehrere Male in die Synagoge Heidereutergasse mitgenommen, diese alte majestätische Synagoge der Berliner Innenstadt. All diese Erlebnisse, aber auch die Schabbat-Abende (Freitagabend) oder gar die jährlichen Seder-Abende (Beginn des Passafestes), zu denen ich eingeladen wurde, beeindruckten mich sehr und weckten schon früh ernste und religiöse Gefühle in mir. Meine Eltern spürten das. Auf ihren Wunsch trat ich 1924 in den religiös-orthodoxen Jugendbund Esra ein, den Manfred Litten leitete. Ich war damals neun Jahre alt.

Eine Reihe von jüdischen Jugendbünden war inzwischen entstanden. Sie orientierten sich in vielem an der deutschen Jugendbewegung: Wandern, Pfadfinderei, Sport und Gesang standen auf dem Programm. Jugendlager und größere Fahrten, gemeinsame Rituale und Symbole sollten den Gemeinschaftssinn der Jugendlichen entwickeln, und die älteren unter ihnen übernahmen als „Jugendführer“ schon früh Verantwortung. Die jüdische Jugendbewegung wandte sich wie die Jugendbewegung allgemein gegen die „unnatürliche”, am materiellen Wohlstand orientierte Erwachsenenkultur. Darüber hinaus suchte sie eine Besinnung auf jüdische Werte und Traditionen. Vielfach nahmen die Bünde zionistische Gedanken auf. Im ganzen spiegelte die Bewegung das breite Spektrum unterschiedlicher Haltungen innerhalb des Judentums: Es gab Bünde mit zionistischer, orthodoxer, religiös-liberaler, assimilatorischer und auch deutsch-nationaler Ausrichtung.

Das jährlich im Herbst stattfindende Jugendtreffen aller Bünde war für mich jedesmal ein überwältigendes Erlebnis. Auf dem Gelände der Jugendherberge Brieselang, die an der Eisenbahnstrecke von Berlin nach Nauen lag, kamen dann über tausend Jungen und Mädchen zusammen. Die verschiedenen Bünde marschierten mit ihren Wimpeln auf und maßen sich gegenseitig in sportlichen und geistigen Wettkämpfen. Hier habe ich zum ersten Mal Auseinandersetzungen zwischen zionistischen und nicht-zionistischen Jugendlichen erlebt, aber das Gemeinschaftsgefühl überwog.

Die Gemeinschaft der jüdischen Kameraden – „Chawerim" hießen die Jungen, „Chawerot" die Mädchen – war für mich etwas ganz Neues: In der Familie als Einzelkind verwöhnt, in der Schule wegen meiner schwarzen Haare verspottet, fand ich hier eine Jugendgemeinschaft, zu der ich gehörte, in der ich mich sicher fühlte. Die Fahrten und Wanderungen waren für mich als Stadtkind aufregend. Aber auch die Wimpel und Abzeichen der Bünde beeindruckten mich. Der Pfadfinderbund „Kadima" (Vorwärts!) mit seiner Kluft, seiner besonderen Disziplin und den vielen Unternehmungen in der Natur hatte es mir in Brieselang besonders angetan. So wechselte ich mit dreizehn zum „Ersten Zug" des Kadima, den Chanoch Reinhold leitete.

Ich hatte das Glück, hervorragenden Jugendführern zu begegnen. Manfred Litten und Chanoch Reinhold waren damals Studenten und sind später Lehrer geworden. Mit Beginn des Nationalsozialismus haben sie sich für die Jugend-Alija, die Übersiedlung Jugendlicher nach Palästina, eingesetzt und sind mir immer Freunde und Vorbilder geblieben. Früh habe ich von ihnen gelernt, daß die Gemeinschaft im Jugendbund eine Gemeinschaft von Gleichen war, ungeachtet von Alter und „Stellung" des einzelnen. Chanoch führte 1934 die erste Jugend-Alija-Gruppe nach Israel und ist dort später Leiter des Erziehungsministeriums geworden. Manfred, der eine Zeitlang das Vorbereitungslager Steckelsdorf leitete, konnte mit seiner Gruppe noch nach Holland gelangen. Von Gouda aus wurde er mit den Jugendlichen von den deutschen Besatzern deportiert.

Mein bester Kamerad und Jugendfreund war Berthold Jacobsohn. Mit ihm konnte ich über all die Fragen sprechen, die ich aus den erhitzten Debatten im Bund mitnahm. Es war in einem kleinen thüringischen Dorf, in Herleshausen an der Werra, wo wir einmal bei der Familie eines Kantors die Ferien zubrachten. Da war auch ein Neffe des Kantors, Max, sechzehn Jahre alt. Berthold und ich, damals gerade dreizehn, diskutierten mit ihm: Deutscher oder Jude? Heimkehr nach Palästina oder in Deutschland bleiben? Oder vielleicht nach Amerika gehen? Das beschäftigte uns damals, und es ging hart zu bei diesen Debatten. Max wehrte sich gegen uns, die Jüngeren, wie ein Löwe. Nichts wollte er wissen von Erez Israel. Gar als Chaluz (Pionier), als „Diener des Volkes" hinübergehen? Nie. Warum auch? Er war Lehrling in Eisenach, es ging ihm doch gut. Jahre später erfuhren wir, daß er längst in Palästina war – als „Erbauer des Landes", als Chaluz. Hatten wir mit unserem kindlichen Eifer dazu beigetragen?

Durch Bertholds Einfluß kam ich 1928, kurz vor der Bar-Mizwa (Einsegnung mit dreizehn Jahren) in die Religionsschule von Rabbiner Dr. Hartwig Carlebach in der Joachimsthaler Straße. Hier war die Arbeit ernst und sachlich, und ich drang nun schnell in Welt und Wissen des religiösen Judentums ein. Durch die Bar-Mizwa veränderte sich vieles für mich. Zu Hause stellte die Mutter auf meinen Wunsch ihren Haushalt bereitwillig auf Kaschrut (jüdische Speisegebote) um. Wie Berthold besuchte ich am Schabbat nun nicht mehr die Schule, sondern ging regelmäßig in die Synagoge der konservativ-traditionellen Gemeinde Passauer Straße 2, nahe am Tauentzien, wo Dr. Carlebach Gemeinderabbiner war. Hier habe ich zum ersten Mal die „Lern-Nacht" miterlebt. Es war ein alter Brauch, sich in der Nacht vor dem Schawuot-Fest (Wochenfest) gemeinsam auf die Verlesung der zehn Gebote am nächsten Morgen in der Synagoge vorzubereiten. In der „Kleistloge", dem großen Versammlungsgebäude der B'ne-Brith-Loge in der Kleiststraße 12, fand mit Hunderten von Menschen dieses Lernen statt, das um 10 Uhr abends begann und erst bei Morgengrauen endete. Dr. Carlebach „lernte vor": aus der Tora und der mündlichen Lehre des Talmud, und die Versammelten lasen in mitgebrachten Büchern mit. Es gab eine große Pause, in der die Frauen der Gemeinde Kaffee und Kuchen reichten. Die Sonne ging schon auf, wenn wir frühmorgens durch die Hardenbergstraße über das „Knie" nach Hause gingen.

Die Situation der Juden in Deutschland hatte sich inzwischen sehr verändert. Infolge der wirtschaftlichen Probleme und sozialen

Spannungen in der Republik nahm der Antisemitismus offen-politische und aggressive Formen an; Angriffe auf Juden in den Zeitungen sowie Pöbeleien auf der Straße wurden immer häufiger. Der Judenhaß, inzwischen angeheizt durch die Propaganda der Hitler-Partei, ging auch an den Jugendbünden nicht vorbei. Bei unseren Wanderungen wurden wir nicht selten von Nazi-Jugendgruppen angegriffen, und Überfälle auf unsere Lager passierten fast regelmäßig. Wir lernten aber auch, uns zu verteidigen. Unvergeßlich bleibt mir das große Bundeslager des Kadima 1931 in Dessau. Ich erinnere mich noch genau: Es war Freitagabend, und ich hatte den Auftrag, den Chawerot und Chawerim nach dem Entzünden der Schabbat-Lichte aus den Geschichten Micha Bin Gorions vorzulesen. Während ich vortrug, wurden von ferne schon antisemitische Schmährufe laut. Kurz nach Eintritt der Nachtruhe gab es dann Alarm. Wir liefen sofort zum Appellplatz und wurden in Gruppen zur Verteidigung des Lagers eingeteilt. Unter uns war damals als Schaliach (Bote, Abgesandter) aus Erez Israel Enzo Sereni. Für ihn waren Überfälle auf Lager oder Kibbuzim nichts Ungewöhnliches. Er machte uns Mut, und wir haben uns eine ganze Zeit erfolgreich gegen die Angriffe der Nazis gewehrt. Einer unserer Jungen konnte die Polizei benachrichtigen, die wie üblich in solchen Fällen mit großer Verspätung eintraf. Immerhin war es uns gelungen, das Lager bis zum Eintreffen der Polizei zu halten. Aber einige Chawerim hatten bei der Schlägerei erhebliche Verletzungen davongetragen und mußten später in ein Krankenhaus gebracht werden. Wir haben das Lager am nächsten Tag vorzeitig abbrechen müssen, obwohl Schabbat war. Die Polizei verlangte dies, da sie uns „keinen weiteren Schutz gewähren könne." Noch beim Rückmarsch zur Bahnstation Dessau begleiteten uns Steinwürfe und Pöbelrufe.

Trotz alledem war der Zionismus auch unter den jungen Juden noch nicht „salonfähig" geworden. Viele waren in deutsch-jüdischen Jugendverbänden organisiert, andere in der internationalen Jugendbewegung, in pazifistischen, sozialistischen oder auch kommunistischen Gruppen. Das folgende Beispiel mag die Zersplitterung der jüdischen Jugend zeigen: Als beim Abschluß einer zionistischen Feier in den Spichernsälen von Wilmersdorf 1930 die Hatikwa (Lied der Hoffnung, heute israelische Nationalhymne) angestimmt wurde, machten sich Mitglieder deutsch-jüdischer Jugendgruppen – auch mein Vetter Werner war dabei – durch Pfiffe und Schmährufe bemerkbar, und es entwickelte sich eine regelrechte Saalschlacht.

Die Konflikte reichten bis in die Familien. Während die Mutter mein Engagement inzwischen wohlwollend unterstützte, sahen der Vater und seine Familie meine zionistische Entwicklung sehr ungern. Als ich mich mit vierzehn unter dem Einfluß des Kadima dazu entschlossen hatte, mich nicht mehr Heinz-Joachim, sondern mit meinem hebräischen Namen Jizchak zu nennen, faßte die Familie des Vaters dies als Schande auf. Ich hatte zwar, wie das in traditionellen Kreisen üblich war und auch heute noch ist, zu religiösen Zwecken die Vornamen der Großväter Jizchak und Zwi bekommen, aber man weigerte sich nun beharrlich, mich so zu nennen. Wie schwer es selbst meiner Mutter fiel, zeigt ein Brief, den sie mir 1932 in ein Jugendlager schickte:

„*... ich weiß, mein liebes Kind, daß Du den Namen, den wir Dir gegeben, ablegen willst. Ich verstehe das vollkommen und überlasse es Dir. Du weißt ja, daß mit dem Namen eines Menschen auch sein Wesen, sein ganzes Sein verbunden ist. Und die Mutterliebe kann sich so schwer plötzlich umstellen. Aber es ist doch der jüdische Name, und es ist ein schöner Name. Ich werde mir daher alle Mühe geben, mein gutes Kind, Deinen Wunsch zu erfüllen, wenn es mir auch nicht immer leicht fallen wird ...*“

Auch die meisten anderen Chawerim hatten es in der Familie schwer, wenn sie sich einer zionistischen Gruppe angeschlossen hatten. Der Plan gar, nach Palästina zu gehen, um am Aufbau des Landes mitzuarbeiten, wurde in vielen jüdischen Häusern als schlimmes Vergehen betrachtet und bedeutete oft einen gänzlichen Abbruch der familiären Beziehungen. Viele Eltern der Chawerim, die sich zu Hause durchsetzen konnten, wurden später von den Nazis ermordet, wie auch meine Eltern.

In den Schulen wurde es immer schwieriger, sich „richtig“ zu verhalten. Viele jüdische Schüler ließen sich alles gefallen, um nicht aufzufallen und mit anderen nicht in Streit zu geraten. Gerade sie wurden jedoch besonders gehänselt und verachtet. Wer zu seiner Herkunft stand und jüdische Lebensart mit Stolz vertrat, wurde von den

Mitschülern eher respektiert. 1925 bis 1933, von zehn bis siebzehn, besuchte ich das Schiller-Realgymnasium in Charlottenburg. Hier war ich fast die ganzen Jahre hindurch der einzige Jude in der Klasse. Obwohl inzwischen viele Schulkameraden deutsch-nationalen und antisemitischen Jugendgruppen angehörten, hatte ich in der Klasse eine anerkannte Position und sogar Freunde. Ich hatte in den Jugendbünden gelernt, für meine Überzeugung einzutreten, aber auch ich blieb nicht vom Spott verschont. Im letzten Jahr gab es einen jüdischen Mitschüler namens Graetzer, der sich anpaßte, wo es nur ging. Unser Lateinlehrer nutzte unsere unterschiedliche Haltung aus und erklärte eines Tages: „Ihr Juden seid ja merkwürdige Kerle. Der eine kommt am Sonnabend zur Schule – und der andere geht stattdessen lieber beten." Oder er sagte, zu mir gewandt: „Im Kriege haben auch die Juden Schweinefleisch essen gelernt. Da können Sie, Schwersenz, am Sonnabend auch in die Schule kommen." Ein andermal sagte ein Mitschüler beim Morgengebet statt der üblichen Worte plötzlich das sogenannte „Frick'sche Haß-Gebet" auf: „Deutschland erwache – Herr mach uns frei!" Es wurde einfach hingenommen. Einige Schüler grinsten, andere erwarteten mit Spannung eine Sensation, die übrigen verhielten sich ruhig – und der Lehrer tat nichts. Ich bin deswegen zum Direktor gegangen. Er griff dann auch ein, was ich ihm hoch angerechnet habe. Denn es war Ende 1932, und die Nazis dominierten schon überall. Antisemitische Parolen standen an vielen Mauern und Häuserwänden – von den Hakenkreuzen ganz zu schweigen.

Unter unseren Lehrern wurden die Nazis immer mehr. Über manchen denke ich noch heute nach. Da war zum Beispiel mein Geschichtslehrer und Klassenlehrer aus den ersten Jahren am Schiller-Gymnasium, Dr. Hans Meinshausen. Ich mochte ihn, denn er verhielt sich mir gegenüber immer korrekt und verständnisvoll. Aber im Unterricht – im Geschichtsunterricht! – predigte er offen gegen die Republik und gründete eine der ersten Nazi-Schüler-Gruppen an unserer Schule. Meinshausen wurde zwar 1930 noch vom Schuldienst suspendiert, doch kurze Zeit später machte er Karriere bei den Nazis, und 1934 war er Stadtschulrat von Berlin.

Oder Dr. Herbert Meier, mein erster Lateinlehrer. Ich kannte ihn als überzeugten Republikaner – bis er Ostern 1933 von einer länge-

„Jude Itzig" hörte ich oft, auf dem Heimweg warfen sie mir Steine nach.
Klassenfoto 1927 mit Dr. Meinshausen, Schiller-Realgymnasium Berlin-Charlottenburg. Ganz rechts, Mitte.

Die Fahrten und Wanderungen waren aufregend, aber auch die Wimpel und Abzeichen beeindruckten mich.

Mit dem Halstuch der jüdischen Pfadfinder 1932.

ren Reise zurückkehrte, mit einem strammen Hitlergruß vor die Klasse trat und rief: „Danken wir Gott, liebe Schüler, daß er uns einen solchen Führer geschickt hat!“ Ich verstand die Welt nicht mehr. Wie konnte ein Mensch, den ich immer bewundert hatte, so schnell umfallen?

Die Behandlung jüdischer Schüler in der Klasse und in den Schulen war im Grunde nur ein Spiegelbild der allgemeinen Situation. Sie war typisch für die Wechselfälle und Schwankungen, die das jüdische Galut-Schicksal von jeher mit sich brachte. Die Assimilierten hatten darunter besonders zu leiden. Für uns, die wir einer totalen Assimilation widerstrebten, wurde das Judentum immer mehr zur Grundlage der Selbstbehauptung. Die Religionsschule stärkte uns den Rücken, im Bund erlebten wir die Gemeinschaft; er vermittelte uns die Werte des Judentums und lehrte uns, mit Ehre als jüdischer Mensch zu bestehen. Die bündischen Heimabende, an denen wir den Zionismus verstehen lernten, die Zelt- und Wochenendlager, wo wir den Schabbat in seinen traditionellen Formen erlebten, die Bundesfeste, bei denen wir auf jüdische Art fröhlich feierten, der jüdische Geschichtsunterricht und die festlichen Gottesdienste in der Synagoge – all dies gab uns viel, stärkte das persönliche und gemeinschaftliche Selbstvertrauen, so daß wir das Judentum nicht nur ertragen lernten, sondern es uns mit Stolz und Liebe zueigen machten.

Ich war und blieb aber auch ein deutsches Kind, mit deutscher Erziehung und einer deutschen Heimat. Auf Wanderungen und Fahrten lernte ich das Land lieben. Mit Begeisterung sang ich bei den Schulfeiern das Deutschlandlied, und viele unserer jüdischen Lieder gingen nach den Melodien alter deutscher Weisen. Zwei Seelen wohnten schon damals in meiner Brust, aber ich konnte sie miteinander vereinen.

1933: Bedrohung und Antwort

Es kam das Jahr 1933. Als ich am Mittag des 30. Januar von der Schule nach Hause ging, traf ich eine Chawera unseres Bundes, die traurig sagte: „Heute ist Hitler Reichskanzler geworden, die Nazis sind jetzt an der Regierung. Wer weiß, was jetzt aus uns wird! Ob wir jemals wieder ins Lager ziehen können?" Am gleichen Tag hatten wir Heimabend. Wie üblich erschienen wir in unserer Bundeskluft. Als wir uns spät auf den Heimweg machten, kamen uns fakkeltragende SA-Leute entgegen, die mit Johlen und Schreien den Tag feierten, an dem ihr Führer Kanzler geworden war. Grölend marschierten sie durch die Straßen: „Deutschland erwache – Juda verrecke!" Man riet uns, unsere Kluft unter dem Mantel zu verbergen. Aufgeregt erwartete mich zu Hause die Mutter, die bereits am ersten Tag der Nazi-Herrschaft das Schlimmste befürchtete. Als dann wenig später im großen Saal der Berliner Philharmonie eine jüdische Gedenkfeier für den in Palästina ermordeten Zionistenführer Chaim Arlosoroff stattfand, drangen SA-Leute ein. Ich entkam mit anderen Chawerim nur mit Mühe der Verhaftung. Sie drohte allen, die an ihrer Kleidung als Mitglieder jüdischer Bünde zu erkennen waren.

Die erste Phase der nationalsozialistischen Diktatur hatte begonnen. Das Jahr 1933 brachte eine Unmenge von Gesetzen und Verordnungen zur Einschränkung der jüdischen Rechte. Den öffentlichen, politisch organisierten Auftakt bildete der Boykott jüdischer Geschäfte am 1. April 1933: Alle jüdischen Unternehmen, Läden und Warenhäuser wurden an diesem Tag von SA-Leuten besetzt. Sie stellten sich als Wachtposten an die Eingangstüren, forderten die Kunden zum Boykott auf und registrierten oder beschimpften jeden, der dennoch hineinzugehen wagte. Jüdische Geschäfte wurden geplündert oder demoliert. „Maßnahmen" und Gesetze gegen

Juden in anderen Berufen folgten rasch. Im April 1933 wurden jüdische Beamte aus dem Staatsdienst entlassen; viele Ärzte, Richter, Offiziere und Lehrer verloren ihre Anstellung. Im Mai fand eine öffentliche Bücherverbrennung statt, der vor allem die Werke jüdischer Autoren zum Opfer fielen. Mit der Gründung der „Reichskulturkammer" im September waren „nicht-arische" Künstler und Wissenschaftler vom „deutschen Kulturleben" ausgeschlossen. Die Zulassung zu den Universitäten wurde eingeschränkt, Künstler und Angestellte in nicht-jüdischen Firmen wurden entlassen. Allein vor gesetzlichen Eingriffen in jüdische Unternehmen scheute man noch zurück, denn man fürchtete in diesem Fall schwere Verluste für die deutsche Wirtschaft.

Arbeitslosigkeit und soziale Not in der jüdischen Bevölkerung stiegen innerhalb eines Jahres sprunghaft an. Viele reagierten auf die Entwicklung zunächst hilflos und ungläubig. Man konnte sich nicht vorstellen, daß das nationalsozialistische Regime sich lange werde halten können. Eine unmittelbare Lebensbedrohung war noch nicht zu erkennen, und man nahm die Radikalität der Nazi-Propaganda nicht allzu ernst. Jahrzehnte politischer Liberalität in Deutschland hatten die Erfahrung geprägt. In den ersten Jahren der Nazi-Herrschaft änderte sich daher rein äußerlich nicht viel in den Lebensgewohnheiten unserer Familien. Man versuchte, die alltäglichen Einschränkungen mit Gelassenheit zu meistern und übte sich in einer veränderten „Normalität". Zwar wurden schon 1933 viele Juden verhaftet, sie waren aber meist in oppositionellen Parteien tätig gewesen und wurden, so nahm man an, wie ihre nicht-jüdischen Genossen aus politischen Gründen verfolgt.

Jüdische Organisationen entwickelten eine Reihe von Selbsthilfemaßnahmen. Der neugegründete „Zentralausschuß der deutschen Juden für Hilfe und Aufbau" rief im April 1933 zu einer Überwindung der inneren Gegensätze und zur Stärkung der jüdischen Gemeinschaft auf. Bald darauf entstand in Berlin die erste jüdische Gesamtorganisation für Deutschland, die „Reichsvertretung der Deutschen Juden" (RV). Sie nahm im Herbst 1933 unter der Leitung von Rabbiner Leo Baeck die Arbeit auf. Ihre Hauptaufgabe war zu diesem Zeitpunkt die Organisation von Arbeitsplätzen, Umschulungsmaßnahmen und Wohlfahrtsleistungen für notleidende Juden. Darüber hinaus vertrat sie die Interessen der jüdischen Bevölkerung gegenüber den deutschen Behörden, von denen sie schon früh als „Partner“ bei der Umsetzung antijüdischer Gesetze angesprochen wurde. Die Reichsvertretung konnte auf die Unterstützung aller jüdischen Verbände rechnen und arbeitete eng mit den jüdischen Gemeinden zusammen.

Die kulturelle Ghetto-Situation war für das gebildete jüdische Bürgertum besonders schmerzlich. Man regierte auch hier mit eigenen Aufbauwerken: Es entstanden jüdische Volksschulen, Fachschulen und Gymnasien. Künstler, die an den Bühnen nicht mehr auftreten durften, bildeten den „Kulturbund deutscher Juden“. Wir hörten in diesem Rahmen hervorragende Vorträge und Konzerte, konnten weiterhin Opern, Theatervorführungen und Filme besuchen.

Verfolgung und Diskriminierung brachten die Juden näher zueinander. Das einst verpönte „Zionistenblatt“, die „Jüdische Rundschau“, wurde die meistgefragte jüdische Zeitung in Deutschland. Auch andere waren jetzt begehrt, das „Israelitische Familienblatt“ zum Beispiel oder die CV-Zeitung der immer noch deutschbetonten Assimilanten. Manche, die auf der Staße nicht mit einer jüdischen Zeitung gesehen werden wollten, trugen sie eingehüllt in ein anderes, auch antisemitisches Blatt nach Hause. Man brauchte jetzt Information, und man brauchte Selbstbewußtsein. Großen Eindruck machte daher der Artikel von Robert Weltsch, Chefredakteur der „Jüdischen Rundschau“, in der Ausgabe zum Tag des Geschäfte-Boykotts. Unter der Überschrift „Tragt ihn mit Stolz, den gelben Fleck!“ rief Weltsch zu einem bewußten Bekenntnis zum Judentum auf. Man ahnte freilich nicht, daß das, was hier symbolisch gemeint war, als „Judenstern“ später zur grausamen Wirklichkeit werden sollte.

Jüdische und zionistische Versammlungen wurden nun stärker besucht. Die Synagogen waren oft überfüllt, denn hier suchten die Menschen Trost und Kraft zum Durchhalten. Die zionistische Lehre gewann viele neue Anhänger. Sie erklärte die Diskriminierungen der Juden als typische Erfahrung einer langen Diaspora-Geschichte. Die Idee einer jüdischen Nation und eines eigenen Staates erleichterte vielen Juden die Lösung von Deutschland und bot ihnen eine neue Perspektive. Tausende wanderten in den folgenden Jahren nach Palästina, ins europäische Ausland und nach Übersee aus. Die deutschen Behörden unterstützten diese erste große Auswanderungswelle im eigenen Interesse.

Nicht jeder konnte ohne weiteres nach Palästina gehen. Die Einwandererzertifikate, die die englische Mandatsregierung in wechselnder Zahl vergab, orientierten sich an der Aufnahmefähigkeit und den wirtschaftlichen Erfordernissen des rückständigen Palästina: Das Land brauchte Menschen mit Kapital, Fachkräfte und Arbeiter für Landwirtschaft und Handwerk, aber auch engagierte junge Menschen, die bereit waren, Sümpfe trockenzulegen, Straßen zu bauen oder beim Aufbau sozialer Einrichtungen zu helfen.

Die „Jewish Agency for Palestine" in New York, die internationale jüdische Vertretung in Palästina-Fragen, verteilte die vorhandenen Zertifikate an ihre Länderbüros. In Berlin wählte das Palästina-Amt der Zionistischen Vereinigung geeignete Bewerber aus.

Zur Voraussetzung für die Alija gehörte in der Regel eine intensive sprachliche, berufliche und kulturelle Vorbereitung von mehreren Wochen oder Monaten, die Hachschara (Vorbereitung). Schon in den zwanziger Jahren hatte der zionistisch-sozialistische Verband des Hechaluz (Der Pionier) in europäischen Ländern sogenannte Hachschara-Kibbuzim (Vorbereitungslager) eingerichtet, in denen die Alija-Anwärter sich gemeinsam auf ein Leben in Palästina vorbereiteten. Es gab jüdischen Sprach- und Geschichtsunterricht, Szichot (Aussprachen, Diskussionen), gemeinsame Veranstaltungen. Auf landwirtschaftlichen Gütern, in Handwerksbetrieben oder Fachschulen erhielten die Chaluzim (Pioniere) eine berufliche Umschulung oder Grundausbildung, und oft war der Kibbuz – ähnlich wie in Palästina – Lebens- und Arbeitsgemeinschaft zugleich. Der Hechaluz arbeitete eng mit dem jüdischen Gewerkschaftsbund in Palästina, der Histadrut, zusammen, und es entstand ein Netzwerk von Hilfe und Austausch zwischen Europa und Palästina: Vertreter der Histadrut kamen nach Europa, um die Einwanderer mit den Problemen des Landes vertraut zu machen; in Palästina wurde die Aufnahme der Neuankömmlinge in Kibbuzim vorbereitet.

Wenn die Alija zunächst nur Mitgliedern des Hechaluz offenstand, die über achtzehn Jahre alt waren, so griff man 1933 in Deutschland die Idee einer speziellen Jugend-Alija auf: Jugendliche zwischen vierzehn und achtzehn, die in Deutschland keine Perspektive und keine Ausbildungschance mehr hatten, sollten wie die Älteren geschult werden, um dann als junge Arbeiter ins Land zu ziehen.

Schon 1932 hatte Recha Freier, Frau eines Berliner Rabbiners, mit der Vorbereitung solcher Gruppen begonnen. Im Jahr 1933 gründeten zionistische Verbände in Berlin die Organisation der Jugend-Alija. Das Büro, die „Jüdische Jugendhilfe e. V.", war nach kurzer Zeit völlig überlaufen; unter dem Eindruck der deutschen Entwicklung gab es nun so viele Aufnahmegesuche, daß sie nicht alle bewältigt werden konnten. Eltern, die nie zuvor etwas mit dem Zionismus zu tun hatten, baten jetzt um Hilfe für ihre Kinder. Viele meldeten sie in den zionistischen Jugendbünden an, denn dort wurde ja vieles von dem gelernt, was man für die Alija benötigte.

Ich brauche nicht zu sagen, wie gespannt wir bündischen Jugendlichen all dies verfolgten. Denn jetzt rückte etwas, von dem wir bisher nur geträumt hatten, in den Bereich des Möglichen: Jeder von uns konnte, wenn er wollte, wenn er alt genug war und die familiäre Situation es zuließ, den ungeheuren Schritt wagen: Er konnte sich für die Alija nach Erez Israel anmelden.

Wir wußten damals nicht, daß die Auswanderung für viele die einzige Überlebenschance werden sollte. Wir überlegten vielmehr, ob wir uns wirklich von den Freunden, von der Familie, von unserer Stadt trennen sollten, und wir hatten die besorgten Reden der Erwachsenen vom „wilden" und „asiatischen" Palästina im Ohr. Schließlich wußten wir, daß die Vorbereitung sehr ernst zu nehmen war, denn nur, wer sich dort bewährte, durfte zur Alija mitgehen. Aber für mich mit meinen achtzehn Jahren war klar: Ich wollte dabeisein.

Inzwischen war ich selbst Madrich (Jugendführer) geworden, und wir arbeiteten trotz der allgemeinen Verunsicherung mit Elan weiter. Die jüdischen Jugendgruppen blieben vorläufig noch erlaubt, wurden allerdings polizeilich überwacht. So mußte der monatliche Veranstaltungskalender jetzt bei der deutschen Behörde eingereicht und genehmigt werden. Immer öfter tauchten Spitzel in unseren Versammlungen auf. In den Gruppen kam es zu ersten Zwischenfällen. Einen Monat nach dem Machtantritt Hitlers riß ein Chawer meiner Gruppe, Jakob Ehrenfreund, die Hakenkreuzfahne von einem Nazi-Lokal und warf sie in den Staub. Er wurde noch am gleichen Tag verhaftet und so entsetzlich geschlagen, daß er in eine Irrenanstalt kam. Als ich ihn dort besuchte, war er völlig verwirrt. Man hat ihn später in ein KZ gebracht. Ähnlich Tragisches geschah im religiösen Vorbereitungslager Bomsdorf bei Leipzig. Von dort hörten wir, daß ein Chawer von den Nazis erschossen wurde, weil er sich geweigert hatte, eine Tora-Rolle mit Füßen zu treten.

Nach Jakobs Verhaftung wurde die Situation für uns alle gefährlich. Man suchte bei ihm zu Hause belastendes Material, und auch andere Wohnungen wurden polizeilich durchsucht. Meine Mutter fürchtete jetzt täglich meine Verhaftung. Wir vernichteten daher in unserer Wohnung die Bundesschriften, Briefe und andere verfängliche Unterlangen.

Bereits lange vor dem politischen Umbruch hatte ich mit meiner Gruppe eine „große Fahrt" nach Holland geplant. Ich konnte sie, gemeinsam mit der Madricha (Jugendführerin) Ruth Wolfsberg noch durchführen. Als die vier schönen Wochen jedoch vorüber waren und die Heimreise bevorstand, erhielt ich von meiner Mutter ein Telegramm: „Nicht zurückkommen!" Man hatte auch bei ihr wegen des Vorfalls mit Jakob inzwischen eine Hausdurchsuchung vorgenommen. So mußte ich die Kinder alleine mit Ruth Wolfsberg zurückfahren lassen und blieb, gleichsam als Flüchtling, in Holland. Dort ging ich mit Zustimmung des Bundes auf Hachschara und lernte den Gemüsebau. Auch Max (Mordechaj) Ehrenfreund, Jakobs Bruder, konnte ich zur Hachschara bewegen und so den furchtbaren Verhältnissen in Deutschland und der häuslichen Panikstimmung entziehen. Meine Mutter, die sehr besorgt um uns war, folgte mir nach Holland. Im Rahmen des Hechaluz betreute ich in Amsterdam eine Gruppe deutscher Kinder, die mit ihren Eltern hierher geflohen waren. Max – wir nannten ihn Marduk – war inzwischen mein bester Freund geworden und kam dazu.

Mit den verschiedenen Namen, die wir uns gaben, hatte es folgendes auf sich: So wie ich mit vierzehn von Chanoch Reinhold dazu angeregt worden war, den Namen Jizchak anzunehmen, gab ich nun allen aus meiner Gruppe einen hebräischen Namen. Im allgemeinen hatte er den gleichen Anfangsbuchstaben wie der deutsche oder war dessen Übersetzung. Manchmal fanden wir aber auch einen Namen, der irgendwie zu dem Betreffenden paßte, einen Tiernamen oder auch einen Namen aus der Bibel. Diesen Brauch habe ich auch in späteren Jahren beibehalten.

Schon im Herbst 1934 trafen aus Berlin Briefe des „Brith Chaluzim Datiim“ (Bund religiöser Pioniere) ein, dem ich mich inzwischen angeschlossen hatte. Es stellte sich heraus, daß ich für das Einwandererzertifikat zunächst noch nicht vorgesehen war. Ich sollte noch ein Jahr als Madrich in Deutschland tätig sein, denn dort brauchte man jetzt dringend Menschen, die in der Leitung von Jugendgruppen Erfahrung hatten. Die Mutter war nicht mehr dagegen, aber nach allem, was wir in Holland über Deutschland erfahren konnten, war immer noch meine Verhaftung zu befürchten. Es wurden Briefe hin und her gewechselt, doch schließlich entschied Dr. Josef Burg, damals unser Bundesleiter und später israelischer Minister, daß ich nach Berlin zurückkommen sollte. So überschritt ich im Frühjahr 1935 bangen Herzens wieder die Grenze nach Deutschland. Die Mutter ließ ich in Holland zurück. Sie zog es vor, dort zu bleiben für den Fall, daß ich zurückkehren müsse. Ich war gerade abgereist, da erfuhr sie, daß allen jüdischen Rückwanderern in Deutschland die Haft in einem sogenannten „Schulungslager“, einem KZ, drohte. Sie erlitt einen Nervenzusammenbruch und wurde in eine jüdische Heilanstalt bei Apeldoorn eingeliefert. Dort konnte ich sie 1936 noch einmal besuchen, doch sie erkannte mich nicht. Als die Nazis 1940 auch in Holland einmarschierten, führten sie die gleichen antijüdischen Maßnahmen ein wie in Deutschland. Drei Jahre später wurde auch meine arme Mutter, inzwischen genesen, zur Deportation abgeholt. Ich habe sie nicht mehr wiedergesehen.

Bei der Rückkehr nach Berlin meldete ich mich sofort bei Dr. Benno Cohn, dem Leiter der Zionistischen Vereinigung in der Meinekestraße 10. Dr. Cohn riet mir, zunächst in Berlin zu bleiben und abzuwarten; notfalls würde er mich retten können. Ich versteckte

Wir sammelten Möbel für das Heim der Jugend-Alija.
Köln 1936.

Jüdisches Landschulheim Herrlingen bei Ulm, Prüfung von Hausaufgaben. April 1937.

mich erst einmal bei meiner Tante Clara Salomon, die in der Ansbacher Straße 6 am Wittenbergplatz wohnte. Vier Wochen später hörte ich von Dr. Cohn: „Sie sind wie durch ein Wunder durch die Maschen der Bürokratie gerutscht!" – So war ich vorläufig in Sicherheit und konnte mich einer neuen Aufgabe zuwenden. Ich wurde nach Köln geschickt, um dort beim Aufbau eines Kinderheims für die Jugend-Alija mitzuarbeiten. Gleichzeitig konnte ich in Köln den alten Wunsch wahrmachen, Lehrer zu werden. Ich studierte an der jüdischen Religionslehrer-Akademie, die Dr. David Carlebach leitete, und bestand 1936 mein Examen. Nach der Auflösung des Jugendheims ging ich Anfang 1937 als Geschichtslehrer an die jüdische Oberrealschule in Herrlingen bei Ulm und arbeitete auch in dem hervorragend geführten jüdischen Landschulheim am Ort. Hugo Rosenthal, der Schule und Heim leitete, gab mir wertvolle Anregungen zur Gestaltung eines jüdisch-traditionellen Lebens in Schule und Erziehung. Es war eine schöne, fast idyllische Zeit in dieser ländlichen Umgebung.

Ende 1937 kehrte ich nach Berlin zurück. Ich wollte versuchen, hier noch die allgemeine Volksschullehrer-Ausbildung zu machen. Zunächst aber mußte ich mein Abitur nachholen, denn ich hatte die Oberprima noch nicht abgeschlossen, als ich 1933 nach Holland ging. Im Adass-Jisroel-Gymnasium am Siegmunds Hof 11 wurde ich aufgenommen und fand ein möbliertes Zimmer ganz in der Nähe, am Holsteiner Ufer 17.

Berlin hatte sich in wenigen Jahren völlig verändert. An Restaurants, Hotels und öffentlichen Einrichtungen waren Schilder angebracht, die uns den Eintritt verboten. Juden konnten nur noch eigene Gaststätten, Kaffeehäuser und Einrichtungen besuchen, die entsprechend gekennzeichnet waren. Als ich 1936, im Olympiajahr, mit den Kindern aus Köln Berlin besuchte, sah ich diese Schilder nicht. Man hatte sie scheinheilig abgenommen, nun wieder angebracht. Erst hier, in der Stadt, die ich kannte, konnte ich ganz ermessen, was in vier Jahren nationalsozialistischer Herrschaft geschehen war. Die Juden waren zu Menschen zweiter Klasse geworden und gezwungen, in einem gesellschaftlichen Ghetto zu leben.

Die gesetzliche Grundlage bildeten die „Nürnberger Gesetze"

vom 15. 9. 1935. Sie hatten – auf der Grundlage der nationalsozialistischen Rassenlehre – die persönlichen und politischen Freiheitsrechte der Juden weitgehend abgeschafft. Juden waren von da an keine „Reichsbürger" mehr, sondern deutsche Staatsangehörige ohne politische Rechte. Heirat und persönliche Beziehungen zwischen Juden und Nichtjuden wurden verboten und unter hohe Strafen gestellt. Die jüdischen Menschen wurden in unglaublich bürokratischer Weise nach ihrem „Rassenanteil" eingestuft: Es gab von nun an „Volljuden", „Halbjuden", „Dreiachteljuden" , es gab „Geltungsjuden" und „privilegierte Juden" – je nachdem, wieviele Vorfahren und Mitglieder der Familie jüdischer Herkunft und jüdischen Glaubens waren. Eine entwürdigende Ahnenforschung begann. Der sogenannte „Ariernachweis" bestimmte die Lebensmöglichkeiten der Menschen; bei der Arbeitssuche, bei Behördengängen mußte er vorgelegt werden. Viele Freundschaften zwischen Juden und Nichtjuden zerbrachen aus Angst vor den Schikanen der Nazis, die kleinste „Vergehen" mit hohen Geldstrafen, später mit sofortigen Festnahmen und KZ „ahndeten". Natürlich war es nicht so, daß Nachbarn, Freunde, Bekannte von heute auf morgen zu Feinden wurden. Aber sie wagten nach 1933 immer weniger, miteinander zu sprechen und vermieden jeden offenen Kontakt. Man begegnete sich auf der Straße – und sah sich nicht. Doch am Abend, so habe ich es später oft erlebt, lag ein Päckchen mit Lebensmitteln vor der Wohnungstür.

Ziel der „Nürnberger Gesetze" war es, die Juden in allen gesellschaftlichen Bereichen zu isolieren. In den Gesetzeserläuterungen wird zynisch von einem „modus vivendi" gesprochen, der den Juden freie Religionsausübung, kulturelles Leben und Erziehungsarbeit innerhalb jüdischer Einrichtungen gestattete, ja staatlich garantierte. Diese Scheinlegalität hat viele Juden zu dem Glauben verleitet, nun sei alles, wenn auch schlecht, „geregelt", und Schlimmeres könne nicht mehr passieren. Die verbliebenen Möglichkeiten in Bildung und Kultur, Jugend- und Wohlfahrtsarbeit waren allerdings die einzige Chance, einigermaßen menschlich durchzukommen. Die jüdischen Organisationen unternahmen daher große Anstrengungen, um Selbsthilfe und Zusammenarbeit unter den Juden zu stärken.

Viele Menschen, die ich von früher her kannte, lebten inzwischen in bedrückenden Verhältnissen. Familien, die es zu einem bescheidenen Wohlstand gebracht hatten, waren arm geworden und lebten von der Wohlfahrt und anderen Zuwendungen der Jüdischen Gemeinde.

Die Angst vor Diskriminierung und vor einer ungewissen Zukunft saß tief, auch wenn viele jüdische Menschen ihre aussichtslose Lage immer noch verdrängten. Die Situation der Jugendlichen war besonders deprimierend. Auf eine normale Berufsausbildung konnten sie nicht mehr hoffen. Wo sie in den Schulen noch geduldet wurden, war das Lernen unmöglich geworden, denn auch in Unterricht und Schulalltag war die nationalsozialistische Lehre eingezogen. Viele jüdische Eltern nahmen ihre Kinder freiwillig von den öffentlichen Schulen, noch bevor sie offiziell von deren Besuch ausgeschlossen wurden.

Um so wichtiger wurde in meinen Augen jetzt die Aufbauarbeit der zionistischen Jugendbewegung. Neben Schule und Lehrerstudium, das ich 1938 in der Jüdischen Lehrerbildungsanstalt bei Dr. Fritz Bamberger begann, übernahm ich 1937 eine zentrale Arbeit im „Jüdischen Pfadfinderbund Makkabi Hazair" (Junger Makkabäer).

Ich sehe schwarz.

Berlin 1936.
SS-Aufmarsch vor dem Olympiastadion.

Der Jugendbund, das ganze Leben

Wenn ich an dieser Stelle eine Einschätzung der jüdischen Jugendbewegung im nationalsozialistischen Deutschland gebe, so kann dies nur vom Standort jener Bewegung aus geschehen, der ich in den folgenden Jahren angehörte: aus der Sicht des Makkabi Hazair, ohne daß ich den Wert und die Leistungen der anderen Bünde dadurch herabsetzen möchte. Eine umfassende Darstellung der Jugendbünde müßte noch geschrieben werden, von einem Menschen, der einerseits „über den Bünden" stand, der aber andererseits die Arbeit aller Bünde genau kannte und Einsicht in das umfangreiche Material hatte, in dem die Bünde ihren je eigenen Standpunkt beschrieben.

Die jüdische Jugendbewegung war für die Erziehung von immenser Bedeutung. Sie gab den Jugendlichen, die sich immer isolierter fühlten, Halt und Vertrauen und bot ihnen eine Gemeinschaft. Kinder und Jugendliche, die in anderen Gruppen allmählich nicht mehr geduldet wurden, gelangten auf diese Weise nun auch zur jüdischen Jugendbewegung.

Die zionistischen Bünde, die bis 1933 einige Tausend Mitglieder hatten, erweiterten in den Jahren der Verfolgung mehr und mehr ihren Wirkungskreis. Sie waren es vor allem, die bei Anbruch der deutschen Katastrophe den jungen Juden einen aufbauenden und richtungweisenden Weg zeigen konnten und ihnen eine Antwort auf die Fragen der Zeit zu geben wußten. Die nicht-zionistischen Bünde, die auch jetzt noch den Gedanken vertraten, daß Judentum und deutsche Kultur miteinander vereinbar seien, verloren nach und nach an Boden. Sie stellten für die Nazi-Politik eine besondere Provokation dar und wurden daher, ähnlich wie der CV, früher verboten als zionistische Organisationen.

Es darf aber nicht die hervorragende Charaktererziehung übersehen werden, die auch von diesen Bünden geleistet wurde, besonders etwa im Bund der „Kameraden". So war es bei uns üblich geworden, stets nur mit Achtung von der „adligen Haltung der Kameraden" zu sprechen. Schwieriger war das Verhältnis zu den Bünden, die antizionistisch eingestellt waren, wie etwa die „Jüdisch-Liberale Jugend" (JLB) oder gar „Das Schwarze Fähnlein", deren Mitglieder deutsch-national ausgerichtet waren. Man ignorierte einander, soweit es ging. Zudem gab es die ebenfalls eher antizionistisch eingestellten Bünde der jüdischen Orthodoxie, wie die „Aguda-Jugend" oder den Jugendbund Esra, in dem sich allerdings schon Ende der zwanziger Jahre eine zionistische Gruppe entwickelte.

Das Ringen um die „Judenfrage" in jahrelangen, ernsthaften Diskussionen kennzeichnete den Weg mancher Bünde bereits vor 1933. Ich erinnere mich der vielen endlosen „Zielsetzungsdebatten", die in den Jahren zwischen 1928 und 1932 auf jedem Bundestag geführt wurden, besonders auch in der Bewegung des Kadima, der ich bis 1932 angehörte.

Der Kadima verstand sich zunächst als unpolitisch. Im Mittelpunkt standen das Pfadfindertum und die allgemeinen Ideale der Jugendbewegung. Zu den Gedanken des Zionismus hatten wir ein positives, aber eher romantisches Verhältnis. Durch die Erfahrungen des Antisemitismus entwickelte sich der Kadima jedoch zur nationalen und chaluzischen Verwirklichung hin (Entscheidung und Arbeit für den Aufbau Erez Israels). 1932 verband sich der Kadima mit dem „Brith Haolim" (Bund der Einwanderer), der sozialistisch-zionistisch ausgerichtet war. Aus beiden wurde dann der Bund „Habonim" (Die Erbauer). Nach 1933 entwickelten sich auch andere Bünde in ähnlicher Weise: Der „Jüdische Pfadfinderbund Deutschlands" (JPD), der bis dahin noch ziemlich assimilatorisch, wohl aber positiv jüdisch eingestellt war, schloß sich mit dem zionistischen Makkabi Hazair zusammen.

„Die Werkleute", eine sehr wertvolle Erziehungsbewegung unter der Führung von Hermann Gerson, ursprünglich eine ganz von Martin Buber inspirierte Gruppe, entwickelte sich mehr und mehr zu einem sozialistisch orientierten Zionismus. Die übrigen Bünde wie die religiös-zionistische „Misrachi-Jugend", organisiert im „Brith Hanoar" (Jugendbund), und „Ze-ire-Misrachi" (Junge Menschen des Misrachi) führten daneben ihre zionistische Tätigkeit und chaluzische Erziehungsarbeit fort, ebenso wie der sozialistisch-zionistische „Haschomer Hazair" (Der junge Wächter). Die religiös-zionistischen Bünde waren im Verband des „Bachad/Brith Chaluzim Datiim" (Bund religiöser Pioniere) zusammengefaßt, in dem ich von 1932 bis 1937 Mitglied war. Der deutsche Hechaluz war die Dachorganisation der drei zionistisch-chaluzischen Jugendbünde Habonim, Makkabi Hazair und Haschomer Hazair.

Es war keineswegs außergewöhnlich, daß ich im Laufe der Jahre in verschiedenen Jugendbünden war. Denn ständig gab es Neugründungen, Spaltungen und Zusammenschlüsse, Ausdruck einer bewegten inhaltlichen Diskussion in der jüdischen Jugend. Nicht nur die Gruppen, sondern jeder einzelne mußte hier seinen Weg finden. So fühlte ich mich anfangs eher zu politisch neutralen und religiösen Bünden hingezogen. In dem Maße, in dem ich in der Jugendarbeit Verantwortung übernahm und die Entwicklung in Deutschland bewußter erlebte, entschied ich mich für einen aktiven, politischen Zionismus.

Wenn man sich mit den Aufgaben der Gruppenerziehung und der Menschenführung befaßt, gibt es eine Reihe theoretischer Fragen, die immer umstritten sind. Im Mittelpunkt stehen das Ziel der Arbeit und die Wege der Verwirklichung. Oft diskutierten wir aber auch über die Bedeutung von Symbolen und Formen. Die Jugendbewegung, insbesondere das Pfadfindertum, waren ja reich an Bräuchen und Zeremonien, die wir vielfach in unseren Gruppen übernommen hatten.

Einerseits durfte das Festhalten an überlieferten Formen nicht zu einer rein äußerlichen Routine werden, die im Gegensatz zum Ideal einer sich ständig erneuernden Jugendbewegung stand. Andererseits war unverkennbar, welche Bedeutung einmal eingeführte, jahrelang unveränderte Formen für den Bestand einer Bewegung haben. Ich möchte hier einen alten Satz aus dem Buche Kohelet abwandeln: „Ein Geschlecht kommt, ein Geschlecht geht, aber die Form, das Symbol bleibt." Durch das Bewahren von Traditionen blieben und bleiben Volksbewegungen und Religionen allem Wandel zum Trotz erhalten. Ähnliches geschah im Kleinen auch in den

Wir hatten unsere Fahrten, die Natur: Die „Judenbänke" gingen uns nichts an.

Jugendbünden: Führer kamen und Führer gingen, Gruppen entstanden und lösten sich auf, Mitglieder schieden aus oder traten neu ein – der Bund aber blieb durch seine Symbolik erhalten. Denn diese Symbolik stand ja immer für besondere Inhalte, besondere Wertschätzungen und Ziele.

Wenn dies schon in verhältnismäßig gesicherten und normalen Zeiten zutrifft, um wieviel mehr galt es jetzt, in der Zeit der Verfolgung, der allgemeinen Auflösung und des Zusammenbruchs. Die Formen eines Bundes wurden zur festen Klammer, die die Mitglieder schützend umschloß. Die gemeinschaftlichen Rituale boten Raum für alle verdrängten und von der Außenwelt mißachteten Gefühle, die sich gerade bei den Jugendlichen einer verfolgten Gemeinschaft mit großer Dynamik anstauen.

Unsere bündischen und religiösen Formen waren mehr als ein Ritual. Wir erlebten in ihnen die Werte und Ziele unserer Gemeinschaft täglich neu. Und wie reich ist die jüdische Tradition an Formen, die über die Zeiten hinweg einen tiefen religiösen Inhalt und einen gemeinschaftsbildenden Wert haben. Wenn der jüdische Mensch am Pessach-Fest zur Mazza (ungesäuertes Brot) greift oder am Sukkot-Fest (Laubhüttenfest) in seiner Hütte sitzt, so fühlt er sich nicht nur, als „sei er selbst aus Ägypten ausgezogen", sondern er wird unmittelbar auf die ursprünglichen Glaubensinhalte hingewiesen; er wird zur geschichtlichen Rückbesinnung angeleitet, lernt die Geschichte seines Volkes durch symbolisches Wiedererleben besser verstehen und sieht sich selbst in der Kette der Generationen.

Ich kann hier nicht von all den vielen Gewohnheiten sprechen, die wir als jüdisches Brauchtum auch in unseren Gruppen pflegten. Was wir erstrebten, war eine harmonische Verbindung von jüdisch-religiösen und bündischen Bräuchen. Hierzu gehörten vor allem die Gottesdienste in der Natur, Bar- und Bat-Mizwa-Feiern (Einsegnung der Jungen und Mädchen) in den Ferienlagern, unsere Lern-Nächte am Schawuot-Fest, der Tischa-be-Aw (9. Aw: Tag der Zerstörung des Tempels) mit Fasten und Lernen im Rahmen unserer Gemeinschaft, die Freitagabende mit Kiddusch (Schabbat-Segnung), mit dem Singen der alten Semirot (Lieder) neben den neuen Erez-Israel-Liedern und schließlich auch das von vielen Chawerim und Chawerot vorgetragene Tischgebet. Auch in unseren

Das Kadima-Lied wurde später unser „Gruppenlied", das Lied des Chug Chaluzi.

Kadimah, Kadimah – vorwärts im Schritt,
wir haben keine Zeit zu verlieren.
Wir wissen, wir tragen die Zukunft mit,
drum müssen wir vorwärts marschieren.

Die Frömmler und Spießer – sie bleiben zuhaus,
sie mögen verharren im Wahne.
Doch ich und du – wir ziehen hinaus,
denn wir sind die Träger der Fahne.

Wir kämpfen für Freiheit, für Gleichheit
und Recht,
wir kämpfen für Israels Ehre,
wir wollen ein neues und starkes Geschlecht,
wir fordern die Jüdische Ehre …

Lied der jüdischen Pfadfinder. Text: Arthur Akiva Lewinski.

Ferienlagern pflegten wir regelmäßig zu benschen (Segenssprüche und Dankgebete aufsagen).

Um diesen Gedanken einer Verbindung des Alten mit dem Neuen klarzumachen, möchte ich die Hawdala, die Unterscheidungszeremonie, schildern, die sich an den Schabbat-Nachmittagen in folgender Weise bei uns eingebürgert hatte:

Schweigend, in der Dämmerung des ausgehenden Schabbat-Tages, stehen in einem großen Kreis die Chawerim und Chawerot beieinander. Man singt das alte Elijahu-Lied „Elijahu Hanawi, Elijahu Hatischbi ...“ (Elia der Prophet, Elia der Thisbiter ...). Einer der Chawerim tritt dann vor und sagt die verschiedenen Segensprüche über den Wein, über Gewürze und Licht. Wenn die Kerze inmitten des Kreises dann ausgelöscht wird, rufen alle ein lautes und fröhliches „Schawua tow“ (Gute Woche), und langsam im Kreise herumgehend reicht einer dem anderen mit diesem Wunsch die Hand, und zwar laut Pfadfinderbrauch die linke, die von Herzen kommt.

Dann wird das große Licht oder ein Lagerfeuer angezündet. Es wird der Wochen-Schluß-Appell gehalten, und danach wird getanzt, Horra und immer wieder eine Horra, viele Stunden lang. Erst spät geht man auseinander, und zuversichtlich gehen alle in die neue Woche, schon an den Wochentagen wieder in freudiger Erwartung des nächsten Schabbat.

Wir hatten eine Gemeinschaft, die uns in gewisser Weise immun machte gegen die Anfeindungen der Umwelt. Wir diskutierten später einmal, ob wir uns auf die gekennzeichneten „Judenbänke“ setzen sollten oder nicht, und wir sagten: Nein. Das hatten wir nicht nötig. Wir hatten unsere Unternehmungen, unsere Werte, die Natur – diese Bänke in den Berliner Parkanlagen gingen uns nichts an.

Mit großen Hoffnungen schauten wir auf das ferne Palästina. Dort hatten ja im kleinen andere schon begonnen, eine bessere, gerechtere Gesellschaft aufzubauen als die, in der wir jetzt lebten. Die meisten jüdischen Siedler waren Europäer, viele der jüngeren kamen wie wir aus der Jugendbewegung. Manche waren Chawerim, die wir kannten und die uns Briefe schrieben. Zu ihnen fühlten wir uns hingezogen, fühlten uns auch selbst ganz als Chaluzim, als Pioniere einer großen Idee, und bereiteten uns mitten im nationalsozialistischen Deutschland auf Erez Israel vor.

Ohnehin mußten die jüdischen Kinder ja ganz anderes lernen und ganz anders leben als Kinder in normalen Zeiten. Wo andere ihrer Neugierde und Unternehmungslust freien Lauf lassen konnten, da mußten sie mit Hänseleien, Prügeln und Verfolgung rechnen. Von den Erwachsenen hörten sie: Das dürfen wir nicht, da geh' nicht hin, und sage ja nichts Falsches! In der Familie erlebten sie Sorge und Verzweiflung, und manches Kind hatte mit ansehen müssen, wie der Vater oder der Bruder verhaftet wurde. Was noch blieb, war die Jugendgemeinschaft, vielleicht in einer jüdischen Schule, vor allem aber im Bund. Er rückte während der Hitlerzeit immer mehr in den Mittelpunkt des jugendlichen Lebens. Der Jugendbund, das war für viele jüdische Kinder das ganze Leben, ein Ort wenigstens, an dem sie Freude und Ausgelassenheit erleben konnten, eine Gemeinschaft, die ihnen Mut und Vertrauen gab und eine Idee, für die es sich zu leben lohnte.

Die zionistischen Bünde arbeiteten inzwischen alle für die Jugend-Alija. Es waren die aktivsten, politisch bewußten Jugendbünde, die sich der Hechaluz-Bewegung anschlossen. Ein sozialistischer Zionismus sollte verwirklicht werden, wie ihn die jüdische Arbeiterbewegung in Palästina vertrat. Der Verband des Hechaluz hatte bis 1936 in Deutschland und im benachbarten Ausland über 80 Hachschara-Zentren eingerichtet, viele davon speziell für Jugendliche, denn der Ansturm zur Jugend-Alija war immer größer geworden. Die Jüdische Jugendhilfe konnte jetzt ihre Aufgabe erfüllen, die in der Satzung so beschrieben war: „Zweck des Vereins ist die Förderung der Berufsausbildung und Berufsunterbringung von in Deutschland befindlichen Jugendlichen für das Aufbauwerk in Palästina."

Nachdem im Februar 1934 die erste Jugend-Alija-Gruppe mit Chanoch Reinhold in En Charod/Palästina angekommen war, hatten sich immer mehr Chawerim aus den Bünden für die Alija gemeldet. Zwischen den Bünden und den Alija-Kibbuzim bestanden daher zahlreiche Verbindungen: Jugendliche von uns lebten inzwischen dort, und die Kibbuzim waren beliebte Ausflugsziele für unsere Fahrten und Wanderungen.

Die leitende Mitarbeit im Makkabi Hazair und bald auch in der Jüdischen Jugendhilfe brachte mich in Kontakt zu vielen wichtigen

Persönlichkeiten des Hechaluz und der jüdischen Jugendarbeit. Dr. Hardi Swarsensky, Leiter des Makkabi Hazair, war gleichzeitig auch Leiter des „Reichsverbandes der jüdischen Jugendorganisationen“, in dem die Jugendbünde aller Richtungen bis Ende 1938 zusammengefaßt waren. Er vertrat die Bünde den deutschen Behörden gegenüber, und ich erlebte in vielen Gesprächen mit, wie schwierig diese Rolle war. Oft diskutierten wir über die Chancen und Perspektiven unserer Arbeit.

Einerseits wurde sie von den deutschen Behörden immer noch geduldet, vor allem dann, wenn sie auf eine Auswanderung nach Palästina gerichtet war. Andererseits konnten wir Lager und größere Fahrten nur noch selten durchführen, und es war schwierig, die letzten vorhandenen Freiräume zu erhalten.

Das Ende für die öffentliche Arbeit der jüdischen Jugendbünde kam mit den Novemberpogromen des Jahres 1938. In der Nacht vom 9. zum 10. November wurden in Berlin und im Deutschen Reich die Synagogen in Brand gesetzt. Unzählige jüdische Geschäfte wurden geplündert und demoliert, jüdische Menschen mißhandelt, getötet, in Massen verhaftet und in die Konzentrationslager geschleppt. Als ich am Morgen nach dieser schrecklichen Nacht in die Kantstraße 158, in die Schulabteilung der Reichsvertretung lief, hatte ich nur einen Gedanken: Was tun, um unsere Kinder und Jugendlichen zu sammeln? Ich fragte Paula Fürst, die Leiterin der Schulabteilung, was nun werden solle. Statt zu antworten, stand sie auf, führte mich an das Fenster ihres Büros und zeigte hinaus. Da draußen, genau gegenüber, stand die Synagoge Fasanenstraße, eine der prachtvollsten Synagogen des Berliner Westens, die einst das wohlhabende Berliner Judentum repräsentierte. Nun schlugen Flammen aus den halbzerstörten Kuppeln. Wir standen schweigend da; eine Antwort auf meine Frage gab es in diesem Moment nicht.

Ich machte mich auf den Weg zu Hardi Swarsensky, der unweit der Kaiser-Wilhelm-Gedächtnis-Kirche wohnte. Wie staunte ich und freute ich mich, als ich dort nicht nur Hardi, sondern eine Anzahl führender Chawerim in intensiver Beratung fand. Und hier gab es eine Antwort: Weitermachen! Jetzt, gerade jetzt nicht aufgeben!

מכבי הצעיר ברית הצופים

JÜDISCHER PFADFINDERBUND MAKKABI HAZAIR

i.L.

MAKKABI HAZAIR, BERLIN W15, MEINEKESTR. 10

הנהלה ארצית

BUNDESLEITUNG

Berlin, 3.4.4o HW/Co.

Z e u g n i s .

Jizchak S c h w e r s e n z ist Mitglied und führender Mitarbeiter in unserer Bewegung seit 3 Jahren. Nachdem er bereits seit langer Zeit mit uns in Verbindung getreten war, da er unsere Aufgaben und Ziele, zu denen er sich - wie aus vielen persönlichen Unterhaltungen weiss- am stärksten hingezogen fühlte, kennengelernt hatte, kam er zu uns. Jizchak wurde Mitglied der 'Pluga Meraglim', dies auch erst nach Aufenthalt in einigen unserer Jugendalijah-Läger. Nach einiger Zeit, in denen Jizchak ausserordentlich schnell in unsere Arbeit hineinwuchs und bald von den Aelteren und Jüngeren als 'Chawer' anerkannt wurde, wurde ihm die Führung einer Gruppe Mittlerer übertragen. Später, nachdem Viele von uns zur Auswanderung gelangt waren, bildete Jizchak nach eigenem Entschluss aus allen Berliner Gruppen eine neue 'Plugah', die etwa 7o Jungen und Mädel umfasste. Jizchak hat dann- meist ganz allein- in schwerster Zeit die Erfassung und Erziehung unserer Jugend zu unseren Idealen durchgeführt. Er stand in engster Verbindung mit der Jugendalijah, zu der er seine Menschen vorbereitete. In dieser Zeit gelang es ihm noch zwei Grosse Fahrten zu organisieren und einige Jungen durch das Land und seine Judengemeinden zu führen.
Auf eigenen Wunsch übernahm Jizchak Januar 1939 die Leitung der Hachschara in Ahrensdorf, in der er sich bemüht hat, auch diese Gruppe aus 7o Jugendlichen auszubilden und zu lenken. Diese Arbeit war sehr schwer und Jizchak konnte nicht diese auf einen anderen Leiter eingestellte Gruppe, die auch zumeist aus Wiener Jugendlichen bestand, in so kurzer Zeit voll erfassen. Jizchak hat in dieser Zeit jedoch verstanden der Hachscharah viele Anregungen und manche Werte zu geben.
Am 1.5.1939 mussten wir Jizchak in Uebereinstimmung mit der Leitung der Jugendhilfe als Lehrer und Führer, besonders als Vertreter unserer Bewegung, in die neu gegründete Jugendalijah-Schule zu Berlin berufen. Wir taten dies besonders, weil wir wussten, dass Jizchak's Fähigkeiten und Wesen am richtigsten für unsere Arbeit und ihn selbst in einer Schul- und Heimgemeinschaft bün-

./.

RUF 91 90 31 ● POSTSCHECK: DR. HARDI SWARSENSKY, BERLIN 1130 28 ● TELEGR.-ADR.: ORGHIP HAZAIR BERLIN

Unsere Jugendbünde waren jetzt verboten.

Im Briefkopf des Zeugnisses: „i. L." = „in Liquidation".

Ich lief dann nach Hause zum Holsteiner Ufer 17. Immer noch wurden Leute verhaftet, und als ich gerade um die Ecke zu meiner Straße biegen wollte, packte mich jemand am Ärmel. Es war der Sohn des Reform-Rabbiners Rosenthal. „Du kannst jetzt nicht nach Hause gehen“, sagte er, „die Gestapo ist bei euch!“ Er zeigte auf den Lastwagen vor dem Haus. So versteckte ich mich erst einmal bei Verwandten, bei der Familie Fleischmann in Moabit. Der Vater war schwerbehindert, dort würden sie mich wohl nicht suchen. Mehrere Tage dauerten die Zerstörungen und Verhaftungen an, dann war es wieder ruhig auf den Straßen, und ich wagte mich aus meinem Versteck.

Die NSDAP hatte die sogenannte „Reichskristallnacht“ als Vergeltung für den Mord an einem deutschen Botschaftsangehörigen in Paris inszeniert, der dem jungen Juden Herszel Grynszpan zur Last gelegt wurde. Bald war klar, daß die Mordtat nur den Vorwand geliefert hatte für eine neue Welle antijüdischer Gesetze und die brutale Zerstörung jüdischer Stätten und jüdischen Eigentums. Die Juden selbst mußten den entstandenen Schaden bezahlen und darüber hinaus als „Sühne“ eine Milliarde Reichsmark an die deutsche Regierung. Die letzten jüdischen Firmen wurden nun „arisiert“, und selbst der Betrieb von kleinen Geschäften und Handwerksstätten war von nun an verboten. Die deutschen Schulen, Hochschulen und Ausbildungsstätten wurden jetzt ganz für Juden geschlossen. Aber noch viel mehr: Es gab nun in Berlin einen „Judenbann“. Bestimmte Plätze und Straßen im Zentrum Berlins durften Juden nicht mehr betreten, ebensowenig Theater, Kinos, Badeanstalten. Sie wurden gezwungen, den Namen „Sara“ oder „Israel“ zu tragen, sofern sie nicht bestimmte andere jüdische Vornamen besaßen, und in jüdische Pässe wurde ein „J“ gestempelt. Viele jüdische Organisationen wurden verboten, und die bis dahin unabhängige Reichsvertretung wurde als „Reichsvereinigung der Juden in Deutschland“ dem Reichsinnenministerium und damit der Gestapo unterstellt. Auch unsere Jugendbünde wurden nun verboten. Die Novemberereignisse hatten die jüdische Bevölkerung zutiefst schockiert. Noch einmal wanderten Zehntausende aus, in Berlin etwa die Hälfte der jüdischen Bevölkerung. Bei Beginn der Deportationen im Oktober 1941 lebten noch etwa 70.000 Juden in der Stadt.

Während die Jugendbünde bis Ende 1938 relativ frei hatten arbeiten können, mußten wir nach den Novemberpogromen für unsere bündische Arbeit neue Wege finden, denn sie war nun illegal. Doch die Ausbildungszentren der Jugend-Alija und der Älteren-Hachschara sowie die meisten zionistischen Organisationen wurden nach kurzer Zeit wieder erlaubt, denn die Auswanderungsbestrebungen der deutschen Juden fanden die Billigung der deutschen Behörden. Auch unsere Schulen mußten noch ausgebaut werden, um die allgemeinen Schulen von den vielen jüdischen Kindern zu „befreien". Wir machten uns diese Situation zunutze: Wenn auch größere Bundesveranstaltungen, Lager oder ein Treffen mehrerer Bünde jetzt offiziell nicht mehr in Frage kamen, so fanden wir doch manche Auswege. Ein größeres Treffen konnten wir etwa als Schulveranstaltung tarnen, Ferienlager konnten in den Kibbuzim der Jugend-Alija durchgeführt werden, und ansonsten ging die Bundesarbeit in kleinen Gruppen weiter. Da wir unsere Kluft nun nicht mehr tragen durften, färbten wir diese Kleidungsstücke einfach um und ergänzten sie durch symbolische Ersatzmittel, zum Beispiel durch eine farbige Kordel, die die Chawerim am Gürtel befestigten und mit einer Signalpfeife verbunden in der Tasche trugen.

Nach einer Zeit der Lähmung nahmen im Frühjahr 1939 in Berlin die meisten Bünde ihre Arbeit wieder auf. Im Makkabi Hazair bildeten wir Kwuzot (Untergruppen), die je sechs bis acht Chawerim umfaßten. Es gab eine Älteren-Gruppe, eine Mittleren- und eine Jüngeren-Gruppe. Ich übernahm mit Lotte Kaiser die Mittleren-Gruppe.

Wir trafen uns auch weiterhin zwei- bis dreimal die Woche: In der Mitte der Woche zu einem Heimabend mit Szicha (Aussprache) über ein Thema aus der jüdischen Geschichte oder aus der Palästinakunde, von uns kurz „Palku" genannt. An den Schabbat-Nachmittagen feierten wir den Oneg Schabbat, und sonntags trafen wir uns zu Wanderungen in der Umgebung Berlins. Darüber hinaus besuchten wir an den Feiertagen gemeinsam den Gottesdienst in der Synagoge Heidereutergasse.

Die Veranstaltungen in der Woche und am Schabbat fanden in den Wohnungen einzelner Chawerim statt. Dabei half uns besonders die Familie Lewin, die in den ärmlichsten Verhältnissen in der

Dragonerstraße 5, im Berliner Scheunenviertel, wohnte. Sie lebte dort mit sieben Menschen in drei kleinen Zimmern. Vater Lewin hatte ein Friseurgeschäft, und die ganze Familie lebte von der Hand in den Mund. Alle fünf Kinder gehörten unserem Bund an: Siegfried (Schlomo), Manfred (Meir), Rudi (Reuwen), Cilli (Chana) und Gerd (Gad). Manche Nacht saßen wir bis zum Morgengrauen zusammen, um Pläne zu schmieden oder einfach nur, um zusammen zu sein, und wer immer aus der Gruppe zu Lewins ins Haus kam, wurde mit bescheidenen Mitteln bewirtet. Wir konnten hier feiern, gemeinsam singen, gemeinsam lesen, gemeinsam beten. Unter gewissen Gefahren feierten wir alljährlich zum Pessach-Fest auch immer noch den Seder-Abend. Dann versammelten sich in der Lewinschen Wohnung etwa zwanzig Chawerim und Chawerot, wobei wir gemäß der traditionellen Bestimmung diese Nacht solange wie möglich ausdehnten, um dann, bei anbrechender Dämmerung, noch ein Stündchen zu ruhen, auf Stühlen sitzend ein Nikkerchen hielten oder uns auf dem Boden ausstreckten. Und am Schawuot-Fest führten wir mit ebenso vielen Menschen sogar noch die Lern-Nacht durch. Manfred Lewin schrieb Theaterstücke, die er dann mit uns, mit seinen Geschwistern oder mit Freunden einstudierte. Die Aufführung fand dann natürlich wieder im Hause Lewin statt, in der ganzen Wohnung, wobei das Wohnzimmer eigens für eine kleine Bühne hergerichtet wurde.

Das alles war nicht ungefährlich, weder für uns noch für die Familien, bei denen wir uns trafen. Die Juden hatten inzwischen keinen Mieterschutz mehr, sie mußten immer damit rechnen, aus ihren Wohnungen verwiesen zu werden, um „arischen“ Familien Platz zu machen. Was wäre gewesen, wenn man uns bei den verbotenen Treffen entdeckt hätte?

Am 1. September 1939 begann der Zweite Weltkrieg. Noch am gleichen Tag wurde für Juden eine nächtliche Ausgangssperre verhängt. Im Sommer durften wir zwischen 21 Uhr abends und 5 Uhr morgens, im Winter von 20 Uhr bis 6 Uhr früh das Haus nicht mehr verlassen. Es folgten wöchentlich, später täglich und schließlich stündlich neue Gesetze und Verordnungen, die die Widerstandskraft und den Zusammenhalt der Juden brechen sollten: Radioapparate, Telefone, Autos und Wertsachen wurden beschlagnahmt,

Bei Familie Lewin im Scheunenviertel. Berlin 1941.

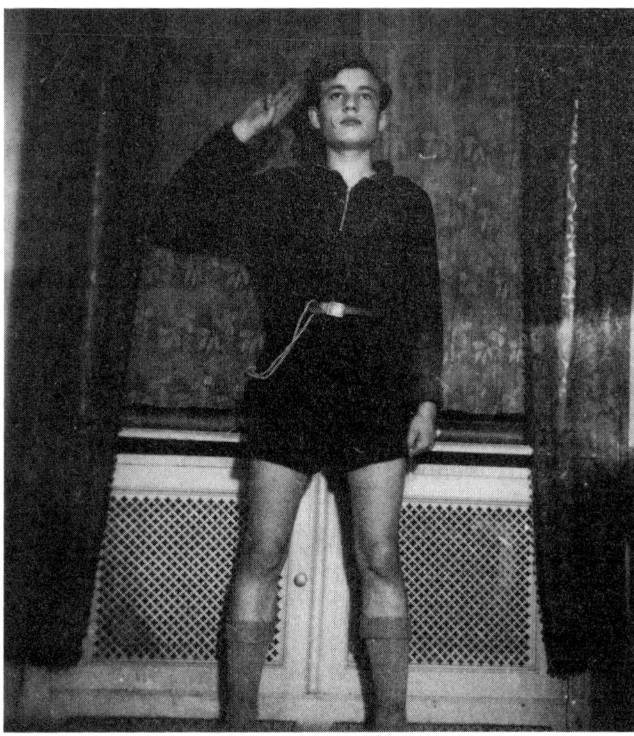

Mit Pfadfindergruß und Kordel. Arje Dawidowicz 1941.

die Einkaufszeit wurde auf die Stunde von 16 bis 17 Uhr beschränkt und die in den Kriegsjahren ohnehin schwierige Lebensmittelversorgung auf ein Minimum reduziert. Es ist nicht möglich, all dies im einzelnen wiederzugeben. Wir versuchten, irgendwie durchzukommen und uns weiter zu treffen, auch wenn es immer schwieriger wurde, von einem Ort zum anderen zu gelangen, denn mit der Zeit wurde auch tagsüber das Benutzen öffentlicher Verkehrsmittel für Juden eingeschränkt, später ganz verboten.

Unglaublich mag es klingen, daß es uns in den Kriegs- und Verfolgungsjahren bis 1941 noch gelang, größere Fahrten zu machen. Sie bedeuteten für unsere Jugendlichen eine vorübergehende Befreiung aus dem Ghetto und aus der bedrückenden Atmosphäre des Elternhauses. Ich unternahm damals mit meiner Gruppe meist Radtouren, und wir besuchten dabei immer auch die Vorbereitungslager der Jugend-Alija, die auf dem Wege lagen. So waren wir im Frühjahr 1939 fünf Tage im Harz und machten im Kibbuz Ahrensdorf bei Trebbin Station. 1940 fuhren wir in das Gebiet von Hamburg. Auf dieser Fahrt erlebten wir die ersten Luftangriffe, ohne daß uns dabei etwas passiert ist. Im religiösen Kibbuz Steckelsdorf konnten wir die Fahrt dann abschließen. Selbst im Sommer 1941, kurz vor Beginn der Deportationen, waren wir noch auf einer Fahrt, die uns in das Gebiet von Cottbus in der Lausitz führte. Dabei haben wir in den Kibbuzim Eichow, Schniebinchen und Jessen haltgemacht.

Diese Besuche waren für uns alle ein großartiges Erlebnis. Wir Großstädter fanden dort ein intensives jüdisches Gemeinschaftsleben vor, so wie wir es uns erträumten. Den Kibbuzniks (Mitglieder einer Kibbuz-Gemeinschaft), die ja ziemlich abgeschlossen lebten, brachten wir Grüße und Nachrichten aus Berlin, wo immer noch das Zentrum unserer Bewegung war und die Mehrzahl der bündischen Menschen lebte. Auf der Rückreise benutzten wir teilweise die Eisenbahn, was uns einmal fast zum Verhängnis geworden wäre. Um schnell nach Hause zu gelangen, fuhren wir zunächst bis Frankfurt/Oder mit einer Fahrradkarte, die das vorgeschriebene Streckenmaß von 100 Kilometern nicht überschritt. In Frankfurt stiegen wir aus und nahmen unsere Räder aus dem Fahrrad-Waggon, der immer direkt hinter der Lokomotive war. Dann liefen wir zum Fahrkartenschalter, lösten eine neue Fahrradkarte bis Berlin

Sogar größere Fahrten haben wir noch gemacht.

Fahrradtour
zum Kibbuz Havelberg
1941.

Schabbat im Freien.
Juni 1941.

und wollten unüberlegterweise mit demselben Zug weiterfahren. Der Mann im Gepäckwagen erkannte uns sofort und schrie: „Ihr Betrüger und Landesverräter, ihr seid wohl Kommunisten!“ Wären wir gar als Juden erkannt worden, so wären wir verloren gewesen. Glücklicherweise aber fuhr im gleichen Moment der Schnellzug an. Wir schwangen uns auf die Räder und verließen den Bahnhof fluchtartig. Mit einem späteren Zug kamen wir dann nach Berlin.

Jugend-Alija, eine Hoffnung

1938 bot man mir eine Arbeit in der Tarbut-Abteilung (Schul- und Kulturabteilung) der Jüdischen Jugendhilfe an. Die Jugendhilfe organisierte über die reinen Auswanderungsangelegenheiten hinaus auch den Unterricht und das Lehrmaterial für die Jugend-Alija-Kibbuzim, und meine Aufgabe wurde es nun, die Erziehungsarbeit dort zu betreuen. So reiste ich an den Wochenenden in die Jugendlager, brachte neues Unterrichtsmaterial mit, gab den Madrichim und Madrichot Anregungen für ihre Arbeit und nahm an den Heimabenden teil. Ich studierte mit den Jugendlichen neue hebräische Lieder ein und feierte mit ihnen den Schabbat oder – mir unvergeßlich – den Seder-Abend wie 1938 in Rüdnitz. Bei diesen Besuchen begleitete mich gern Edith Wolff. „Ewo", so nannten wir sie, arbeitete ebenfalls in der Tarbut-Abteilung der Jüdischen Jugendhilfe. Ich bewunderte Ewo. Sie war eine der wenigen, die nichts gab auf die „Privilegien", die sie als „Mischling", als Tochter einer Christin und eines jüdischen Vaters besaß. Ewo war wie ihre beiden Schwestern christlich getauft, aber sie fühlte sich stark zum Judentum hingezogen. Schon als Kind hatte sie erfahren müssen, wie entwürdigend die Pöbeleien auf der Straße sein konnten, und 1933 war sie aus Protest gegen das Nazi-Regime in die Jüdische Gemeinde eingetreten. Ewo hatte, solange es möglich war, an der Friedrich-Wilhelm-Universität (heute Humboldt-Universität) Philosophie studiert. Nun arbeitete sie mit uns für die jüdischen Kinder. Schon immer hatte sie sich für jüdische Kultur und jüdisches Brauchtum interessiert, und es war ihre Lebensdevise, sich auf die Seite der Verfolgten zu stellen.

Durch kleine, individuelle Widerstandsaktionen versuchte Ewo, an dem verhaßten System zu rütteln. So hatte sie in den Katalogen öffentlicher Bibliotheken die Nazi-Bücher mit Apotheker-Etiket-

Edith Wolff, etwa 1938.
Sie versuchte, an dem verhaßten System zu rütteln.

Viele meldeten sich jetzt zur Jugend-Alija.

Im Vorbereitungslager Steckelsdorf bei Rathenow 1936. Ehepaaar Litten.

ten „Vorsicht Gift!“ überklebt. Oder sie versandte maschinengetippte Zettel an die Behörden, etwa mit der Aufschrift: „Ihr sagt: Die Juden sind euer Unglück? – Wir sagen: Hoffentlich!“ Das waren Einzelaktionen, die nicht viel ausrichten konnten, „Nadelstiche“, wie Ewo sie nannte. Aber sie mußte ihre Empörung ausdrücken, und sie fand später die Kraft, einen Widerstand zu organisieren, der vielen von uns das Leben gerettet hat.

Meine Auswanderung wurde von seiten des Bundes Jahr für Jahr verschoben. Es gab ja immer zuwenig Zertifikate, und außerdem brauchte man in Deutschland dringend jüdische Erzieher. Vielen der führenden Chawerim ging es ähnlich. Wir taten die Arbeit gern und waren mit ganzem Herzen bei der Sache; viele allerdings ließen dafür ihr Leben, denn es gab nach 1941 keine Möglichkeit mehr, aus Deutschland herauszukommen, es sei denn, auf dem Weg in ein Vernichtungslager.

In den Kibbuzim der Jugend-Alija, die zumeist auf einem Landgut lagen, lebten die Jugendlichen in einer Arbeits- und Wohngemeinschaft von etwa dreißig bis über hundert jungen Menschen. Nach der Arbeit am Vormittag gab es Unterricht in allen jüdischen Fächern, am Abend dann Gespräche, Lieder oder kleine Feiern. Als pädagogische Leiter waren in den Kibbuzim je ein Madrich und eine Madricha, je nach Größe des Kibbuz auch mehrere. Dann gab es einen Betriebsleiter, der für die Wirtschaftsführung verantwortlich war und die Jugendlichen bei der Arbeit anleitete, und eine Wirtschafterin für die Küche. Am günstigsten für den ganzen Betrieb war es natürlich, wenn beide Funktionen durch ein Ehepaar ausgeübt wurden, wenn beide also gleichsam Hausvater und Hausmutter waren. Es gelang aber nicht immer, für diesen Posten Menschen zu gewinnen, die dem Werk der Jugend-Alija nahestanden und pädagogische Erfahrungen mitbrachten. So kam es manchmal zu Schwierigkeiten zwischen den technischen Leitern und den Madrichim. Die einen wollten Respektspersonen sein, die anderen Kameraden. Der Unterschied in den Erziehungsmethoden war oft groß.

Eine wichtige Selbstverwaltungsfunktion hatte der Waad, ein unter den Jugendlichen gewählter Ausschuß, der für alle internen Angelegenheiten in der Gruppe zuständig war: Freizeitgestaltung,

Arbeitseinteilung, Aufnahme neuer Jugendlicher oder Mitbestimmung bei der Auswahl für die Alija. Wenn es Konflikte in der Gruppe gab oder jemand nachlässig arbeitete, besprach man die Probleme. Es gab auch einmal Strafen; Prügel oder ähnliches hat es jedoch nie gegeben, denn in den Kibbuzim sollte ja eine Reformpädagogik verwirklicht werden. So konnten auch die Mädchen und Jungen ziemlich frei zusammen sein und ihre Freundschaften pflegen, und die Schlichtung von Streitigkeiten der Freundespaare hat die Madrichim zeitweilig am meisten beschäftigt. Da die Erzieher selbst im Alter von zwanzig bis dreißig Jahren waren, ging es dabei sehr kameradschaftlich zu. Wir duzten uns alle, wie das schon vorher in den Bünden üblich war.

Eine Reihe von Jugend-Alija-Kibbuzim besuchte ich in den Jahren 1938 bis 1941:

Schniebinchen bei Sommerfeld in der Niederlausitz unter der Leitung von Ludwig Kuttner und Fanny Bergas. Als Madricha war dort auch Lotte Kaiser tätig; alle sind später in Vernichtungslagern ermordet worden. In nächster Nachbarschaft von Schniebinchen lag der Kibbuz Jessen-Mühle; Hans-Wolfgang Cohn, Hawo genannt, leitete ihn zusammen mit Trude Weill. Während Schniebinchen mit seinen insgesamt etwa 120 Menschen auf einem großen Gutshof lag, mit einem Brunnen in der Mitte, war Jessen mit seinen 75 Menschen in einem mehrstöckigen Wohnhaus untergebracht. Es herrschte in diesem Kibbuz eine besonders gemütliche Atmosphäre. Die Reisen zu einem Schabbat in Jessen oder zu einem Seder-Abend dorthin gehörten für mich zu den schönsten Erlebnissen. Jessen und Schniebinchen lagen nur 20 Minuten voneinander entfernt, und wenn man diesen kurzen Fußweg zurücklegte, durch Wälder und Felder ging von einem Kibbuz zum anderen, so konnte man sich fast wie im jüdischen Land fühlen.

Rüdnitz an der Eisenbahnstrecke Berlin-Eberswalde war das erste Vorbereitungslager der Jugend-Alija. Hier lebten etwa 50 Jugendliche mit Therese Neumann. In Ahrensdorf bei Trebbin, nur etwa eine Stunde von Berlin entfernt, waren etwa 70 Jugendliche untergebracht. Den Kibbuz führte Arthur Posnansky, der das KZ Auschwitz überleben konnte und heute in Israel lebt. In Eichow bei Cottbus wohnten unter der Leitung von Hatti Langenbach etwa 45 Cha-

Hebräische Lieder und Palästina-Kunde.
Kibbuz Ahrensdorf bei Trebbin 1939.

Besuch im Jugend-Alija-Lager Rüdnitz bei Berlin. 1936.

werim; sie lebten unter besonders schwierigen Bedingungen, da sie keine eigenen Äcker besaßen, sondern bei Bauern in der Umgebung verstreut arbeiten mußten. In einem gemütlichen Haus mit einem großen Gartengrundstück, im Kibbuz Rissen bei Hamburg, lebten etwa 40 Jugendliche. Mali (Martha) Lichtenstein, die Leiterin, konnte auf einer illegalen Alija im Frühjahr 1940 bei dem Schiffsunglück der „Patria" gerettet werden.

Im Kibbuz Havelberg in der Provinz Brandenburg arbeiteten Hilde Nathan und Heinz Berg mit 50 Jugendlichen. Steckelsdorf bei Rathenow war ein alter Kibbuz mit ausgedehnter Landwirtschaft. Hier hatte ich schon 1936 meinen alten Madrich Manfred Litten besucht, der damals pädagogischer Leiter war. Inzwischen hatte das Ehepaar Gross die Leitung übernommen. Gut Winkel war durch den „Vater" und Vorkämpfer der landwirtschaftlichen Umschichtung bekannt: Martin Gerson war hier als Betriebsleiter tätig und auf diesem Gut zu Hause.

Schließlich gab es Wilhelminenhöhe (Blankenese) und Steubenweg bei Hamburg. Im religiösen Kibbuz Wilhelminenhöhe habe ich besonders gern mit allen zusammen den Schabbat gefeiert. Die Atmosphäre hier war sehr herzlich, und ich höre in Gedanken noch heute das Lied „Chulza k-chula" (Blaue Blusen), das ich den Kindern bei meinem ersten Besuch beigebracht hatte. Jedesmal, wenn ich nun kam, stimmten sie es mit Begeisterung an. Es war das Lied der sozialistischen jüdischen Jugendbewegung; die „Blaue Bluse" war die Kleidung dieser Chawerim.

Alle diese Kibbuzim waren nach Bünden aufgeteilt. Denn die Bünde waren es ja vor allem, die die geeigneten Kandidaten für die Jugend-Alija auswählten und sie durch Monate, manchmal auch durch Jahre hindurch auf diesen Weg vorbereiteten. Auch beauftragte jeder Bund für die pädagogische Leitung „seiner" Kibbuzim erfahrene Jugendleiter aus den eigenen Reihen. Die zwei großen zionistischen Jugendbünde, die 1940 noch existierten, waren der Makkabi Hazair und der Habonim. Der Haschomer Hazair hatte kurz nach Beginn des Krieges seine Arbeit in Deutschland eingestellt. Zudem gab es noch den religiösen Bund des Bachad/Brit Chaluzim Datiim, der ebenfalls in der Jugend-Alija mitarbeitete. Zu den Kibbuzim des Makkabi Hazair gehörten Jessen, Ahrensdorf,

Havelberg, und dem Habonim gehörten Schniebinchen, Rüdnitz, Eichow, Rissen und Gut Winkel an. Die Ausbildungsstätten des Bachad waren: Wilhelminenhöhe, Steubenweg und Steckelsdorf.

Außer diesen ländlichen Kibbuzim gab es aber auch städtische Ausbildungsgemeinschaften: das Bet Hanoar (Jugend-Wohnheim) in Köln, das Heinz Löwensohn und seine Frau führten; in einem großen Haus in der Lützowstraße, neben dem jüdischen Waisenhaus, erhielten dort 35 Jugendliche eine handwerkliche Ausbildung. Das Bet Hanoar in Hamburg in der Kielort-Allee 17, von Paul Stein und Erna Friedländer-Eisner geleitet, war ein Wohnheim für etwa 50 Kinder unter vierzehn Jahren, die Unterricht in allen Fächern erhielten und darüber hinaus im bündischen Sinne auch ein Chewra-Leben führten. Schließlich ist die Jugend-Alija-Schule in Berlin zu nennen, über die ich noch berichten werde.

Diese städtischen Häuser standen allen drei Bewegungen offen. Jugendliche, die vor ihrer Anmeldung zur Alija noch keinem Bund angehörten, wurden nach ihren Wünschen gefragt, die nach Möglichkeit auch berücksichtigt wurden. Wer sich nicht entscheiden konnte, wurde nach einem bestimmten Schlüssel auf die Kibbuzim verteilt.

Ich arbeitete vor allem in den Gruppen der sogenannten „Mittleren-Hachschara". Hier lebten Jugendliche zwischen vierzehn und achtzehn Jahren, die wegen der unzureichenden Zertifikatserteilung nicht, wie es anfangs üblich war, nach vier bis acht Wochen ins Land gingen, sondern längere Zeit auf ihre Alija warten mußten. Durch den wachsenden Zustrom zur Jugend-Alija wurden immer mehr dieser Gruppen eingerichtet, und wir versuchten, aus der Not eine Tugend zu machen: Die Ausbildung war hier besonders gründlich. Es gab natürlich auch weiter die „Älteren-Hachschara" der Menschen über achtzehn, und manche Vorbereitungslager waren gemischte Kibbuzim. 1940 entschieden wir uns, auch für Kinder im Alter von zwölf bis vierzehn Jahren Alija-Gruppen einzurichten. Es gab solche „Jüngeren-Gruppen" im Bet Hanoar in Hamburg und in der Berliner Jugend-Alija-Schule.

Es ist klar, daß in den Kibbuzim auch vielerlei Probleme bestanden, durch das unterschiedliche Alter der Jugendlichen, die je anderen Voraussetzungen – manche Kinder hatten überhaupt keine

Schulbildung mehr –, durch den Verlust der gewohnten familiären Umgebung und schließlich auch durch die großen Hoffnungen, die sich die Jugendlichen auf eine Ausreise machten und die doch immer nur für wenige in Erfüllung ging.

Nach Ablauf einer gewissen Zeit, zumeist nach einigen Monaten, fanden in den Kibbuzim die sogenannten „Bestätigungen" statt, an denen ich als Mitarbeiter der Jüdischen Jugendhilfe häufig teilnahm. Hier wurden die Jugendlichen für die nächste Alija ausgewählt. Sehr gründlich wurde jedesmal geprüft, sehr ernsthaft wurde geurteilt, bevor die Kandidaten die ersehnte Bestätigung erhielten, reichte doch die Zahl der Zertifikate nie aus. Die Erwartung und Spannung waren nicht anders als bei einer lebenswichtigen Entscheidung. In der Tat ging es hier ja oftmals wirklich um Leben oder Tod, was allerdings erst später klar wurde, als für alle Zurückgebliebenen die Deportationen begannen. Jeder einzelne Chawer, jede Chawera wurde nach drei Gesichtspunkten beurteilt: nach der Bewährung in der praktischen Arbeit, nach den Lernerfolgen in den Unterrichtsfächern und nach der Einordnung in die Gemeinschaft. Jeder Jugendliche erhielt einen Abschlußbericht, in dem er entweder für die Alija bestätigt wurde und dann noch einige Zeit in der Gruppe blieb, bis er zum nächsten Transport mitgenommen wurde. Er konnte auch noch eine zusätzliche Bewährungszeit erhalten, er konnte aber auch abgelehnt werden. Dann mußte er die Gruppe verlassen und zu den Eltern zurückkehren, um mit diesen einem ungewissen Schicksal entgegenzugehen. Neben dem leitenden Chawer der Zentrale nahmen an diesen entscheidungsvollen Sitzungen regelmäßig die Madrichim der betreffenden Gruppe und der Waad teil.

Die Jüdische Jugendhilfe war 1939 in die Meinekestraße 10 gezogen, in das Gebäude, das die Büros aller zionistischen Organisationen beherbergte. 1940 übernahm Alfred Selbiger die Leitung der Jugend-Alija. Eine ganze Etage war jetzt der Jugendhilfe eingeräumt worden, und es gab zahlreiche Abteilungen: die Post- und die Finanzabteilung, die Stelle für Anmeldung und Aufnahme der Jugend-Alija-Kandidaten, eine gesonderte Abteilung für die religiöse Jugend-Alija, das Büro der Jugend-Alija-Schule sowie die Abteilung für die Ausrüstung der Jugendlichen.

Die Flure waren voller aufgeregter Stimmen, wenn hier die Kinder und Jugendlichen oft auch mit den Eltern warteten, bis sie an die Reihe kamen. Auch in der Tarbut-Abteilung hatten wir oft Besuch. Hier wurden für die Kibbuzim, die Jugendheime und die Alija-Schule die Lehrpläne ausgearbeitet und das Lehrmaterial für die einzelnen Fächer erstellt. Hier waren Lehrer und Erzieher anzutreffen, denn viele, die in der Meinekestraße arbeiteten, waren gleichzeitig auch praktisch-pädagogisch tätig. Ich war für den Unterricht in Tenach und jüdischer Geschichte zuständig, Recha Freier, die Leiterin der Tarbut-Abteilung, für Jüdische Literatur, Hans Schaal hatte das Ressort für Zionismus und Edith Wolff für die Allgemeine Literaturgeschichte, Herbert Growald war damals stellvertretender Leiter der Tarbut-Abteilung.

Das Büro der Jugend-Alija hatte eine besondere Atmosphäre. Wir duzten uns alle, ob groß oder klein. Jeder, der in unserem Büro gearbeitet hat, empfand das freundschaftliche Verhältnis zwischen Leitern, Mitarbeitern und Jugendlichen und wird bezeugen können, daß die große Idee der Jugend-Alija unsere Arbeit mehr sein ließ als eine gewöhnliche Berufstätigkeit. Alle, vom Leiter bis zur Sekretärin, waren von dieser Idee angesteckt und gaben ihr Bestes. Es mag unglaublich klingen: 1940, als die realen Auswanderungsmöglichkeiten durch die deutsche Regierung drastisch eingeschränkt wurden, war der Höhepunkt der Jugend-Alija-Arbeit in Deutschland. Sie hatte in den sieben Jahren ihres Bestehens zahlreiche Ausbildungsstätten errichtet und leistete eine inzwischen weithin anerkannte Kultur-Arbeit.

Ich will aber nicht verschweigen, daß es auch Meinungsverschiedenheiten gab, die zu schweren Konflikten und zu Trennungen führten. Das begann, als Ende 1938 die Juden polnischer Staatsangehörigkeit aus Deutschland deportiert wurden und Recha Freier in der Folgezeit alles daransetzte, für elternlose polnische Kinder vorrangig Auswandererzertifikate zu bekommen. Sie wollte notfalls eigene, auch illegale Wege gehen, denn die offizielle Zuteilungspraxis war völlig unzureichend. Alfred Selbiger, mit einer starken Autorität, setzte durch, daß alles legal abzulaufen habe, denn er fürchtete um die Zertifikate für die deutschen Jugendlichen. Alfred wie auch Dr. Paul Eppstein als Verantwortlicher der Reichsvereinigung warfen Recha Freier vor, sie gefährde unsere Arbeit, wenn sie so „aus der Reihe tanze", und sie mußte schließlich die Jüdische Jugendhilfe verlassen. Auch Edith Wolff, die ihr beigestanden hatte, wurde ausgeschlossen. Wir anderen haben mehr oder weniger Alfred Selbigers Standpunkt geteilt. Heute frage ich mich: Was hätte uns damals mehr gefährden können, als das, was geschah und was uns kurze Zeit später alle betraf? Was bedeutete noch „Legalität", wenn Tausende unter der Willkür eines politischen Systems auseinandergerissen und verschleppt wurden?

Aber auch ich war erst dann in der Lage, etwas „Unerlaubtes" zu tun, als mir selbst die Deportation drohte. Noch fühlte ich mich sicher und ging ganz in der Arbeit für die Jugend-Alija-Schule auf, deren Leiter ich inzwischen geworden war.

Die Jugend-Alija-Schule in Berlin

Die Jugend-Alija-Schule, eine einmalige Einrichtung in Deutschland, war aus einer besonderen Situation entstanden: In den Anfangsjahren der Alija-Arbeit gab es wenig Probleme, da die Anwärter für die ersten Gruppen aus den zionistischen Bünden gekommen waren und dort schon die Anfänge der hebräischen Sprache, Tenach, Palästinakunde und Zionistische Geschichte gelernt hatten. Sie waren auch auf das Gemeinschaftsleben und auf körperliche Arbeit genügend vorbereitet worden. Mitte der dreißiger Jahre aber, als die unerwartet große Zahl der Anmeldungen von Kindern und Jugendlichen für die Jugend-Alija über jedes bisherige Maß hinausging, stellte sich heraus, daß für alle diese neuen Kandidaten ohne jede Vorkenntnisse eine eingehende Vorbereitung notwendig war. Darum ging die Jüdische Jugendhilfe 1936 daran, einen völlig neuen Plan zu verwirklichen: Die Gründung einer eigenen Schule in Berlin. Sie sollte die Jugendlichen, die sich zur Alija gemeldet hatten, bis zum Zeitpunkt ihrer Auswanderung in den Fächern ausbilden, die für ihre Zukunft im Land von Bedeutung waren. Um auch Kindern, die nicht in Berlin wohnten, den Besuch der Schule zu ermöglichen, wurden Jugendwohnheime geschaffen, die unter der Leitung von Madrichim aus den Jugendbünden standen. So gab es von 1936 bis 1938 das Wohnheim des Bundes Habonim in der Elsasser Straße und ein Wohnheim des Makkabi Hazair in der Rosenthaler Straße für je etwa 40 Jugendliche.

Die Schule wurde in den Räumen des Hauptgebäudes der Jüdischen Gemeinde in der Oranienburger Straße 28-29 untergebracht. Die Leitung der Schule übernahm zunächst Xiel Federmann, später dann der junge Pädagoge Dr. Franz Ollendorf. Die Schüler wurden je nach dem Stand ihrer Vorbildung in Klassen und Kursen zusammengefaßt. In den obersten Klassen fand der Unterricht bereits in hebräischer Sprache statt. Der Geist in der Schule war der der Jugendbewegung, das Verhältnis zu den Lehrern ein kameradschaftliches. Die Erziehungsmethoden waren modern und fortschrittlich, Jungen und Mädchen hatten, wie auch in den jüdischen Volksschulen, gemeinsam Unterricht. Es gab keine Schulbänke, sondern die Schüler saßen im Halbkreis an ihren Tischen.

Gern erinnere ich mich an meinen ersten Besuch in dieser Schule. Es war ein Freitagvormittag. Der Unterricht machte einen ausgezeichneten Eindruck auf mich. Es war ja immer mein Wunschtraum gewesen, die Bundesatmosphäre in die Schule hineinzutragen, eine Schule auf bündisch-jugendbewegter Grundlage zu errichten. 1939 konnte ich an der „Jual-Schule", wie wir sie nannten, unterrichten. Die Schule hatte Ende 1938, nach den Novemberpogromen, zunächst geschlossen werden müssen. Aber einige Monate später, im Mai 1939, kam es zur Eröffnung zweier neuer Jugend-Alija-Schulen in Berlin. Sie lagen in den „jüdischen" Wohnvierteln der Stadt: eine im Westen, im Hansaviertel, die andere im Zentrum. Die Schule für den Westen wurde im Gebäude des Adass-Jisroel-Gymnasiums am Siegmunds Hof 11 untergebracht; die Schule im Stadtzentrum von Berlin im Gebäude der Sechsten Jüdischen Volksschule in der Choriner Straße 74 nahe dem Scheunenviertel. Um den Betrieb der Jugend-Alija-Schule mit ihren zwei Häusern zu gewährleisten, wurde seitens der Jugendhilfe jetzt beschlossen, mit der Jüdischen Gemeinde zusammenzuarbeiten. Denn auch sie mußte sich ja nun um die vielen schulentlassenen Kinder und Jugendlichen kümmern und auch um die, die keine Berufsausbildung mehr erhalten konnten. So erklärte sich die Jüdische Gemeinde bereit, die Schule zu tragen, für geeignete Gebäude zu sorgen und die Lehrer zu bezahlen. Natürlich sprach man dort nicht von der „Jugend-Alija-Schule", sondern gab ihr den offiziellen Namen „Vorbereitungslehrgänge für schulentlassene jüdische Jugendliche der Jüdischen Gemeinde zu Berlin". Doch willigte die Gemeinde darin ein, daß die Jugendhilfe für die Schule eine innere Autonomie bekam. Diese Kooperation war nicht immer reibungslos. Viele der leitenden Persönlichkeiten aus der Jüdischen Gemeinde waren und blieben selbst in dieser Zeit dem Zionismus gegenüber ablehnend und hatten zu unserer Arbeit ein distanziertes

Eine 9. Klasse
auf dem Schulhof,
Choriner Straße 74,
1940.
Rechts: Ines Peltesohn.
3. von rechts, 1. Reihe:
Kurt Eppstein.

So etwas wie Normalität.

Unser Sprechchor.
Chanukka-Fest 1940 in
der Jugend-Alija-Schule.

Verhältnis. Es gab daher in den folgenden Jahren mit der Schulabteilung manchen Kampf um Erziehungsfragen. Mehrmals zitierte mich Dr. Hugo Theodor, Leiter der Abteilung, in sein Büro, um mich wegen des „zu zionistischen Unterrichts" zu ermahnen. Auch einige Lehrer, die von der Gemeinde bestellt waren, standen den zionistischen und bündischen Gedanken der Schule fern. Besonders im Verhältnis der Schüler zu diesen Lehrern ergaben sich Schwierigkeiten. Andere aber kamen selbst aus der Jugendbewegung und reihten sich gern in die Arbeit des Hechaluz und in das Programm der Schule ein. Dies waren insbesondere Ludwig Kuttner und Hilde Laubhardt-Rosenthal.

Neben den Lehrern der Jüdischen Gemeinde gab es solche, die von der Jüdischen Jugendhilfe abgeordnet waren und die meist zugleich Madrichim aus den Bünden waren. Als Madrichim wurden ausgewählt: Hilde Katz vom Haschomer Hazair, Frau Lewin von den Allgemeinen Zionisten und ich vom Makkabi Hazair. Die Schule leitete Johannes Wolff von der Gemeinde, und die Jugendhilfe bestellte als internen Leiter Uri Rothschild vom Bund Habonim. Die Schule hatte in beiden Abteilungen zusammen 280 Schüler und 15 Lehrer.

Mit Kriegsausbruch änderte sich die Lage, denn bis dahin, bis September 1939, gingen eine Reihe von Madrichim und Schülern noch zur Alija. Uri Rothschild ging nach Erez Israel, Ludwig Kuttner wurde als Leiter in den Jugend-Alija-Kibbuz Schniebinchen entsandt. Die Schule am Siegmunds Hof wurde aufgegeben und die Arbeit in der Choriner Straße zentralisiert.

Zu diesem Zeitpunkt wurde ich von der Jüdischen Jugendhilfe mit der Leitung der Schule betraut. Ich übernahm das vielleicht verantwortungsvollste Werk meines Lebens und zog mit 11 Lehrern und 160 Schülern in die Choriner Straße ein. Die Zusammenarbeit mit Johannes Wolff, dem im gleichen Gebäude auch die Volksschule unterstellt war, erwies sich als außergewöhnlich fruchtbar. Die meisten der Schüler gehörten inzwischen zum Makkabi Hazair. Daneben waren die beiden Bünde Habonim und Bachad noch vertreten. Die Zusammenarbeit von Schülern und Madrichim aus den verschiedenen Bünden war harmonisch. Um einen Eindruck von der

Arbeit in der Schule zu vermitteln, möchte ich hier den Stundenplan einer Klasse wiedergeben:

Jüdische Fächer

Hebräisch (Sprachunterricht): 5 Wochenstunden
Bibel: 4 Wochenstunden
Jüdische Geschichte: 2 Wochenstunden
Zionistische Geschichte: 3 Wochenstunden
Palästinakunde: 2 Wochenstunden

Allgemeine Fächer:

Erdkunde: 2 Wochenstunden
Naturkunde, Physik, Chemie: 4 Wochenstunden
Allgemeine Literaturgeschichte: 2 Wochenstunden
Gegenwartskunde (Geschichte der Umwelt): 2 Wochenstunden
Musik und Gesang: 2 Wochenstunden
Sport und Werkunterricht: 3 Wochenstunden

Außer diesen festen und für alle Schüler obligatorischen Unterrichtsfächern gab es noch freiwillige Arbeitskreise, beispielsweise in Englisch, Psychologie, auch Astronomie. Während des ersten Jahres gab es nur zwei Klassen mit Schülern der Altersstufe vierzehn bis sechzehn. Die Unterrichtsklassen der Jual-Schule wurden im Laufe der Zeit aber erweitert. Es gab schulentlassene Jugendliche, die den gewöhnlichen Unterricht nicht besuchen konnten, da sie schon berufstätig waren – sei es im Arbeitseinsatz oder als Lehrlinge in jüdischen Betrieben oder Ausbildungsstätten, was einer kleinen Minderheit noch immer möglich war. Soweit sich diese Jugendlichen für die Alija interessierten, mußten auch sie noch geschult werden. Es wurde daher beschlossen, eine sogenannte „Spätgruppe“ einzurichten, die am Abend Unterricht erhielt. Etwa 70 Chawerim traten sofort in die Spätgruppe ein. Am Abend nach der Arbeit konnte man aber nicht mehr soviel lernen. Wir beschränkten den Unterricht daher auf die jüdischen und zionistischen Fächer. Schließlich gab es Ostern 1940 noch eine weitere Gruppe für unsere Jüngsten, die als Schulpflichtige noch die Volksschule besuchten, aber dennoch bereits für die Jugend-Alija angemeldet waren. Diese Gruppe wurde als „Nachmittagsgruppe“ an zwei Wochentagen in den Unterricht mit einbezogen, wobei auch hier lediglich Palästinakunde und ein wenig zionistische Geschichte gelehrt wurde.

In diese Gruppe, die den Kindern des 8. Schuljahres offenstand, traten sofort 82 Schulkinder ein. Was sie bereits für die Jüngsten unter uns bedeutete, mag an zwei Briefen zu erkennen sein, die mir zugingen, nachdem die Nachmittagsgruppe ebenso wie die Spätgruppe zu Ostern 1941 aufgelöst werden mußten.

Brief von Kurt Eppstein, 13 Jahre, 11. 12. 1941:

Lieber Jizchak,
vielen, vielen Dank, daß Du mir den ersten Preis im KKL-Wettbewerb eingesandt hast. Ich habe nicht geglaubt, daß Du noch an mich denkst. Darf ich wieder mal zum Oneg kommen? Jeden Schabbat treffen wir uns zu fünf oder zu sechs Chawerim, um wie bei Euch Oneg und Hawdala zu machen! Also – Du siehst!

Herzliche Grüße, Dein Kurt

Brief von Ines Peltesohn, 12 Jahre, 15. 12. 1941:

Lieber Jizchak,
ich bin wirklich ganz traurig, daß die Nachmittagsgruppe aufhören mußte. Das war meine ganze Freude im Leben. Aber – glaub mir – wir alle, die Chawerim von Deiner alten Nachmittagsgruppe, werden auch alleine gute Chaluzim und Zionisten werden, bis wir wieder einmal zur Alija-Schule kommen können.
Bitte aber schicke mir eine neue KKL-Büchse ein. Ich will wenigstens weiter für unsere Idee sammeln. Antworte bald und vielmals „Chasak“!

Deine Ines

Der KKL-Wettbewerb, von dem die Kinder schreiben, war die Sammlung für den „Jüdischen National-Fonds“ (Keren Kayamet Le' Jisrael, KKL), der Mittel für die Aufforstung des kahlen Bodens in Palästina bereitstellte. Die Schüler der Jual-Schule sammelten in jüdischen Kreisen mit der bekannten „blauen Büchse", und für die besten Sammler wurde ein Preis, meist ein Buch, ausgesetzt.

Das war eine schöne Möglichkeit, unsere Kleinsten auch nach der Auflösung der Gruppe noch mit einzubeziehen; wir luden sie auch weiterhin zum Oneg Schabbat ein, der im Leben der Jual-Schule die gleiche Rolle spielte wie in den Jugendbünden.

Der wöchentliche Oneg Schabbat von 15 bis 17 Uhr, der mit allen Gruppen der Jual-Schule gemeinsam gefeiert wurde, war der vielleicht wichtigste Erziehungs- und Gemeinschaftsfaktor in unserem Schulleben. In der großen Turnhalle des Schulgebäudes in der Choriner Straße kamen unsere Kinder in weißen Hemden und Blusen zusammen und waren dort für mehrere Stunden glücklich. Wie wir diese Stunden gestalteten, zeigt ein Bericht über den Oneg Schabbat zu Rosch Haschana 1940. Er enthält eine Rückschau auf die Arbeit des ganzen Jahres. Arje Dawidowicz und Inge Fromer haben ihn geschrieben:

An alle Kibbuzim der Jugendhilfe, der Berufsvorbereitung, an den Merkas (Bundeszentrale), die Leitung der Jüdischen Gemeinde und der Reichsvereinigung Berlin.
Jüdische Jugendhilfe e. V.
Jugend-Alija-Schule *Rosch Haschana 1940.*

Zu Beginn des neuen Jahres wollen wir Euch einen Bericht über unsere Arbeit und über unser Leben geben. Wir schildern Euch, um eine geeignete Form zu finden, eine der letzten Oneg-Schabbat-Feiern, gleichzeitig ein Rechenschaftsbericht ...

Lange vor drei Uhr strömen die Chawerim in die große Turnhalle der Schule. Um drei Uhr wird geöffnet, darauf warten die Gruppen von Jungen und Mädchen – die meisten in weißen Hemden. Und dann sitzen bald etwa 150 Chawerim und Chawerot aller Altersstufen von 13 bis 18 Jahren im Kreis, um einmal in der Woche zusammen zu sein, die wir sonst getrennt lernen und arbeiten. Nachdem wir zuvor weiter im ‚Jeremias' von Stefan Zweig gelesen haben, ist die gemeinsame Aussprache. Im Zimmer der Gruppe 1 ist noch vor Beginn der Aussprache ein Nachmittagsgottesdienst für alle von uns, die es wollen. Viele Chawerim sind dabei, die selbstverständlich die Toravorlesung und die

Gebete allein vorbereitet haben. Der Gottesdienst ist ganz auf unseren Melodien aufgebaut. Jizchak lehrt am Ende noch ein Stück Tenach oder Mischna (Talmud). Dann wird die Aussprache eröffnet. Jizchak leitet das Thema ein: Warum sind wir zur Jugend-Alija gekommen? Es ist doch gut, einmal eine solche Frage zu stellen, wo wir jetzt soviel neue Leute haben. Solch eine große Szicha ist schwer, aber wir wollen ja auch diskutieren lernen – diszipliniert – und alle sollen sich beteiligen. Jizchak übergibt einem von uns die Leitung der Szicha, diesmal Awraham. Am Ende faßt Hilde, unsere Madricha, zusammen: Wir kommen, um Chaluzim zu werden, um für unser Land zu leben und zu arbeiten. Dann machen wir eine Pause und der Oneg wird vorbereitet. Heute ist das Thema: Rückblick zum Jahreswechsel.

Von Chawerim gesprochen oder gelesen entsteht nach einleitenden Liedern ein Rückblick auf die Höhepunkte unserer Arbeit. Bilder tauchen auf: die ersten Tage im neuen Schulgebäude, Chanukka-Feier mit Recha Freier, das erste Vorbereitungslager in Wilhelminenhöhe, die ständige Vergrößerung der Schule, die Erfassung der in handwerklicher Ausbildung oder schon in Arbeit stehenden Menschen, Verabschiedung von Chawerim im Sommer und Winter 1939 zur Jugend-Alija, im Jahre 1940 zur Sonder-Hachschara und unser Hilfsdienst dabei. Die große öffentliche Veranstaltung im Mai 1940, zu der Hunderte von Menschen kamen: Eltern, Leute der Reichsvereinigung und der Gemeinde, um ein Bild unserer Arbeit zu sehen. Sport. Ein Erez-Israel-Film. Gedichte und Chöre, Sprechchöre vom Land und den Chaluzim. Feier des Geburtstages unseres Madrich, die wir heimlich vorbereitet hatten zu seiner großen Freude, das zweite Lager in Schniebinchen, Besuche aus Wien vom Leiter der dortigen Jual-Schule, Aron Menczer – alles, ja alles zeigte, welch reiches Leben wir haben, was uns allen unsere chaluzische Bewegung gibt, und wie glücklich wir sein müssen, die wir doch in solch schwerer Galut leben!

Es wurde dann auch offen von manchen Schwierigkeiten in der Chewra gesprochen und von Auseinandersetzungen, die dann aber zu Verbesserungen führten in der Arbeit und der Gemeinschaft, zur Erweiterung der Kasse, zur Vergrößerung der Bibliothek sowie zu weiteren Möglichkeiten für die Arbeit der Bünde.

Danach lasen Chawerim Gedichte der Rachel, Worte von Bialik und Gordon, Stellen aus dem Tenach. Dann sangen wir Schabbat-Lie-

Jeder bekam zum Abschied ein Bild.
Fotomontage aus dem Schulleben. Mai 1940.

der. Es wird nun immer dunkler, der Schabbat geht dem Ende zu. Da heißt es: ‚Antreten zum Appell!' Im Nu stehen wir alle geordnet: Haupt-, Spät- und Nachmittagsgruppen. Es wird durchgezählt und gemeldet. Wir singen das Lied ‚Kadima, Kadima, vorwärts im Schritt!'

Dann spricht Jizchak. Zuerst werden Chawerim verabschiedet, die zur Hachschara eingeordnet werden: zwei von ‚Habonim' nach Schniebinchen, zwei vom ‚Makkabi Hazair' nach Jessen-Mühle, eine Chawera des ‚Bachad' nach Steckelsdorf. Von allen erzählt Jizchak, wie sie zu uns kamen, wie sie sich einlebten, und was jetzt der Kibbuz von ihnen fordern wird. Jeder bekommt einen Abschiedsgruß und eine Fotomontage aus dem Leben der Schule. Ein Chawer liest dann Briefe vor, die uns aus den Kibbuzim zugingen und die noch zeugen von der Verbindung alter Chawerim mit uns. Jizchak spricht von Vorfällen der letzten Wochen, die allgemeines Interesse haben, seien es gute, seien es schlechte. Er weist uns zum Beispiel darauf hin, daß es die Pflicht eines jeden Chawer sei, auch alle Lehrer anzuerkennen, auch mit ihnen gut zu arbeiten, genauso wie mit den Madrichim – obwohl es bei den Lehrern schwieriger ist, weil sie von uns sehr entfernt stehen. Der Waad gibt dann Beschlüsse bekannt: vorübergehender Ausschluß eines Chawer, Neueinteilung des Bibliotheksdienstes, Errichtung eines Foto-Amtes für Berlin und andere Kibbuzim.

Einen Höhepunkt des Appells bildet die Verlesung der letzten Nachrichten aus Erez Israel, die von Chawerim des Hechaluz in Genf eingetroffen sind. Mit Spannung hören wir zu. Es gibt uns das Gefühl, daß wir nicht allein sind – trotz erschwerter Alija und Verbindungsmöglichkeiten, so daß wir hoffnungsfreudig weiterarbeiten können, indem wir uns mit allen draußen und in Erez Israel verbunden fühlen. Der Appell schließt wie immer mit der Hymne der Schule ‚Ha Schalschelet' (Die Kette):

Noch ist die Kette nicht zerrissen
Noch wird die Kette fortgesetzt
Von den Vätern zu den Söhnen
Von Lagerfeuer zu Lagerfeuer
Von Kerzenlicht zu Kerzenlicht
Von Schabbat zu Schabbat ...

Dann heißt es: Hawdala! Es ist dunkel, wir stehen im Kreis. Ein Chawer tritt in die Mitte. Wir singen das Elijahu-Lied, ein Licht wird entzündet, Segenssprüche werden gesprochen, die B'samim (zeremonielle Kräuterbüchsen) gehen herum. Alle antworten mit ‚Amen!' und nach dem Satz ‚La'Jehudim hajeta ora' (zu den Juden kam das Licht) antworten wir: ‚ken tiheje lanu' (so soll es auch für uns sein). Das Licht verlöscht, alle wünschen einander ‚schawua tow' (gute Woche); wir singen das Scheidelied zum Übergang in den Werktag.

Nun heißt es: ‚Horra!' – und wenige Augenblicke später dreht sich tanzend und singend die ganze Chewra. Man tanzt Horra, Histowewu, Heile-Heila (verschiedene jüdische Volks- und Reigentänze). Dazwischen singt Jizchak mit uns das ‚Abba-Imma' (Vater-Mutter-Lied). Wir singen es in allen Tonarten, und noch immer im Tanzen beginnt Jizchak: ‚Mi anachnu?' (wer sind wir?) Wir antworten ihm: ‚Jisrael'. Jizchak fährt fort: ‚awotenu?' (wer sind unsere Väter?) Wir antworten: ‚Jisrael!'. Und so erscheinen sie uns alle: von Abraham über David und Schlomo, Jehuda Halevi und Pinsker bis zu Herzl und Gordon, Arlosoroff und Bialik, danach alle Kibbuzim, dann alle Länder, in denen Juden wohnen: ‚b'Germania – Jisrael, b'Polin – Jisrael' und so fort bis nach Erez Israel. Überall leben, arbeiten, lernen unsere jüdischen Menschen, und auch wir sind ein Teil der großen Kette! Und dann heißt es schließlich ‚Sof' (Schluß). Langsam trennen wir uns und gehen frohgemut in eine neue Arbeitswoche …

Chawerim! Chawerot! Unser Gruß zum neuen Jahr gilt den Chawerim im Lande, die auch für uns dort stehen, all unseren Menschen in den Ländern der Gola, auch Euch in den Kibbuzim, und in den Städten hier bei uns – L'schana towa tikatewu (ein gutes neues Jahr)! Schalom!

Im Auftrag der Chewra – die Hanhaga des Bet Sefer lanoar ha'ole (Leitung der Jugend-Alija-Schule), Berlin.

Appelle, antreten, marschieren – immer wieder werde ich gefragt: Wie konntet ihr das „mitmachen"? Für uns damals waren diese Formen nicht identisch mit Hitler-Deutschland, sie waren seit eh und je in der Jugendbewegung üblich gewesen. Ich war schon als Zehnjähriger auf deutschen Landstraßen marschiert, und bei größeren Treffen hatten wir uns zum Schluß immer zum Appell versammelt. So machten wir es nun auch in der Jugend-Alija-Schule.

Wir haben wie jede Schule auch Feiern veranstaltet. Feiern für uns, Feiern für die Eltern oder auch für die jüdische Öffentlichkeit. Alle beteiligten sich an der Vorbereitung. Und immer wieder traten unsere Schüler auch durch eigene Vorträge, Gedichte und kleine Theateraufführungen hervor. Unsere erste Feier war zu Chanukka 1939, eine interne Feier, zu der Recha Freier, die Gründerin der Jugend-Alija, als Gast bei uns war. Sie war bewegt von den bescheidenen Darbietungen und erbat mitten in der Feier das Wort. Einer ihrer Gedanken ist mir besonders haften geblieben: Sie sagte, unser Chanukka-Fest sei eine Mahnung, daß man sich niemals der bloßen Mehrheit unterwerfen soll, sondern stets einen eigenen Weg zu gehen habe und immer die Freiheit des Handelns für sich in Anspruch nehmen darf, wie es die Makkabäer in ihrem Freiheitskampf gegen die Syrer taten.

Es mag dem heutigen Leser eigenartig vorkommen, daß wir versuchten, trotz der gegebenen Umstände ein ganz normales Schulleben zu führen, daß wir uns an Literatur, Theaterstücken und Gedichten erfreuten. Aber es war unser Ziel, den Jugendlichen wenigstens an einem Ort noch Lebensfreude und so etwas wie Normalität zu vermitteln. Dazu gehörte für uns auch Kultur, jüdische Kultur, aber auch die deutsche Bildung, mit der wir Älteren aufgewachsen waren. Unsere Kinder hatten ja inzwischen kaum noch eine Möglichkeit, ein Buch in die Hand zu bekommen, geschweige denn, irgendetwas draußen zu unternehmen. So haben wir im Frühjahr 1940, am 9. Mai, in der Turnhalle unserer Schule ein großes Fest für die Eltern und Freunde unserer Arbeit organisiert. Über 300 Menschen folgten unserer Einladung, darunter namhafte Vertreter der Jüdischen Gemeinde, der Reichsvereinigung, des Palästina-Amtes und der Jüdischen Jugendhilfe.

Im Frühjahr 1940 faßte die Jugendhilfe den Beschluß, in ganz Deutschland für die Jugend-Alija zu werben, zu einer Zeit, als kaum noch Aussichten für eine wirkliche Alija bestanden. Unsere Schule übernahm die Programmgestaltung. Wir traten in sämtlichen jüdischen Schulen von Berlin auf, und wir sind sogar einmal mit diesem Programm nach Leipzig gefahren. Auch von anderen Jugend-Alija-

Luftschutzwache im Schulhaus.
Choriner Straße 74,
Januar 1941.

„Lagerleben" auf dem Dach.
Artilleriestraße 14,
Sommer 1941.

Ins Grüne durften wir ja nicht mehr.

Gruppen aus den Kibbuzim in Schniebinchen, Hamburg oder Frankfurt wurde ähnliches organisiert, und wir besuchten uns zu diesen Veranstaltungen dann gegenseitig.

Wir halfen auch bei vielen praktischen Erfordernissen der Alija, etwa bei den Transporten der sogenannten „Sonder-Hachschara" (Deckname für die illegale Einwanderung) von 1939 bis 1941. Die deutschen Behörden deckten sie merkwürdigerweise , aber in Palästina hatte man die Grenzen geschlossen, und die Menschen mußten ohne Zertifikate ins Land geschmuggelt werden. Wir trugen ihr Gepäck zum Zug; sie fuhren dann nach Wien und weiter mit Dampfschiffen über die Donau zum Schwarzen Meer. Dort wurden sie auf völlig untaugliche Schiffe geladen, von denen viele nie ankamen. Manche wurden noch in letzter Minute von den Engländern an der Landung gehindert, die Flüchtlinge nach Mauritius, später nach Zypern deportiert.

In Berlin mußte inzwischen in allen öffentlichen Gebäuden eine Luftschutzwache eingerichtet werden. Das galt auch für Schulen. Jede Nacht gingen nun einige von uns mit Rettungswerkzeugen und Helmen ausgerüstet in den Keller des Schulgebäudes. Wir haben es uns dort „gemütlich" gemacht, gelesen, gelernt oder auch Schabbat gefeiert. So zeigt das Bild neben Büchern auch zwei Leuchter, es war ein Freitagabend.

Als das Haus Choriner Straße 74 im Frühsommer 1941 von einer Bombe beschädigt wurde, mußten wir ausziehen und erhielten Räume in der Lehranstalt für die Wissenschaft des Judentums in der Artilleriestraße 14. Auch von dort ist ein Foto erhalten: Wir sitzen auf dem Dach der Schule, die Decken auf dem Teer ausgebreitet, und halten „Lager". Es war wegen des allgemeinen Fahrverbots ja nicht mehr möglich, uns im Grünen zu versammeln.

Zuvor hatten wir nahe bei Berlin noch eine gute Möglichkeit, Wochenendlager mit unseren Kindern durchzuführen. Eine Witwe in Hermsdorf war bereit, uns über die Wochenenden ihr Haus mit einem großen Garten zu vermieten. Abwechselnd zogen nun unsere Gruppen von Freitag bis Sonntag nach Hermsdorf. Ich fand es wichtig, den Schabbat in seiner traditionellen Form noch gemeinsam zu feiern, aber wir wollten auch einfach außerhalb der Stadt,

Wir fanden noch einmal eine Möglichkeit.
Wochenendhaus Berlin-Hermsdorf, Mai 1941.

Besuchten uns „draußen“:
Alfred Selbiger (2. von links) und seine Frau Erika. Rechts: Günther (Josef) Rosenberg.

Skiausflug nach Hermsdorf, Januar 1941.

Stadt, im Freien, zusammensein. Am Freitagvormittag arbeiteten wir im Garten, dann feierten wir den Schabbat: mit Gottesdienst, Mahlzeiten, die wir uns selber kochten, mit Tora-Lernen und Spazierengehen. Im Winter konnten wir sogar unsere Skier und Rodelschlitten mitnehmen.

Bei unserem letzten Schabbat in Hermsdorf besuchte uns Alfred Selbiger mit seiner Frau Ekà (Erika). Der Freitag verlief ganz wie gewohnt, aber in der Nacht wurden wir durch Steinwürfe gegen das Haus geweckt. Wir machten uns auf alles Mögliche gefaßt und versammelten uns im Wohnzimmer. Alfred strahlte wie so oft eine ungeheure Ruhe aus und ließ gar nicht erst Panikstimmung aufkommen. Die Steinwürfe gingen etwa eine halbe Stunde weiter, aber sonst passierte nichts; wir konnten sogar am nächsten Morgen ungestört im Garten frühstücken. Dennoch hat uns dieser nächtliche Angriff so beunruhigt, daß wir beschlossen, den schönen Platz in Hermsdorf aufzugeben.

Immer noch versuchten wir auch, den Jom Hazofim, den Tag der jüdischen Pfadfinder zu feiern, und zwar zum Neujahrsfest der Bäume. Die Tradition kennt im Frühjahr des jüdischen Jahres den Geburtstag der Bäume und vergleicht den wachsenden jungen Baum mit dem sich entwickelnden jungen Menschen. Es war ein schöner Brauch geworden, den Festtag unserer Jugendbewegung auf dieses alte jüdische Fest zu legen. Der letzte Jom Hazofim fand im Februar 1942 statt. An diesem Fest nahmen unsere drei noch verbliebenen Berliner Gruppen mit 50 Chawerim teil. Wir hätten keinen Raum mehr für die Feier bekommen, wenn wir sie nicht als schulische Veranstaltung, als Lernvorführung mit Lichtbildern, getarnt hätten. Auf diese Weise aber erhielten wir einen großen Saal in der jüdischen Haushaltungsschule in der Wilsnackerstraße. Der Vorführungsapparat mußte natürlich für den Fall einer polizeilichen Kontrolle bereitstehen.

Es war in der Bundesarbeit immer üblich gewesen, daß jüngere Chawerim von unseren Veranstaltungen einen Bericht anfertigten. Wir schickten ihn dann an die Bundesleitung, an die Jüdische Gemeinde und an die Reichsvertretung, ebenso aber auch an unsere Freunde in Palästina. Inzwischen kamen diese Berichte meistens nicht mehr an; entweder bestanden die betreffenden Stellen nicht mehr, oder aber die Briefe gingen auf dem Postweg verloren. Auch war der Postversand nicht ungefährlich. Dennoch versuchten wir es weiter, in der Hoffnung, den einen oder anderen doch noch zu erreichen; oder wir sammelten die Briefe bei uns, um sie nach Ende des Krieges, das wir sehnlich erwarteten, dann doch noch weitergeben zu können. Einige unserer Briefe gelangten auf Umwegen nach Genf, zur europäischen Verbindungszentrale des Hechaluz, und wurden von dort aus nach Palästina weitergeleitet. Davon wußten wir jedoch nichts, und so war es für mich eine große Überraschung, als ich kurze Zeit nach meiner Ankunft im Land von einem Chawer einen Teil unserer damaligen Berichte bekam. Er war von seinem Kibbuz beauftragt worden, Material aus Hechaluz und Bundesarbeit in den Zeiten der Verfolgung zu sammeln.

Die Arbeit für die Jugend-Alija gab uns Kraft, der allgemeinen Resignation zu widerstehen. Aber wir mußten erkennen, daß die Spielräume, die man uns lange Zeit gewährt hatte, nun auch zerstört wurden. Im Herbst 1941 wurden die Jüdische Jugendhilfe und die Einrichtungen des Hechaluz (inzwischen unter anderem Namen) durch behördliche Anordnung aufgelöst. Das letzte Treffen der Jugend-Alija-Leitung im August 1941 fand in äußerst bedrückter Stimmung statt.

Die arbeitslosen Lehrer und Erzieher standen nun vor der Wahl, sich den Nazi-„Behörden" zu Hilfsdiensten, etwa bei der Katalogisierung beschlagnahmter jüdischer Literatur, zur Verfügung zu stellen, oder als „Ordner" bei den beginnenden „Transporten" direkt mit der Gestapo zusammenzuarbeiten. Unsere Jugendlichen mußten, wenn sie nicht in einer der wenigen noch erlaubten Ausbildungsstätten unterkamen, zum „Arbeitseinsatz" in die Fabriken, zu dem inzwischen alle Juden ab vierzehn Jahren gezwungen waren. Alfred Selbiger wurde Leiter des „Jüdischen Jugendarbeitseinsatzes" in der Reichsvereinigung und versuchte, von hier aus das Werk der Jugend-Alija noch weiterzuführen. Die Kibbuzim, die nicht „liquidiert" wurden oder sich selbst auflösten, waren nun offiziell „Arbeitseinsatzlager".

Im Spätherbst 1941 wurde auch der Unterricht in der Jugend-Alija-Schule verboten. Aber wir fanden dennoch eine Möglichkeit, weiterzuarbeiten: als gartenbaulicher Umschulungsbetrieb der Reichsvereinigung in Wannsee. Diese sogenannte „Gartenbauschule Wannsee“ bestand schon seit August 1940.

Damals rief mich Hans Wendel, ein Freund aus dem Makkabi Hazair, überraschend in sein Büro. Er leitete die Älteren-Hachschara, jetzt offiziell „Abteilung Berufsvorbereitung der Reichsvereinigung“, und die Gestapo hatte ihm einen merkwürdigen Vorschlag gemacht: In Wannsee hatte die Gestapo eine Villa mit einem großen Grundstück beschlagnahmt, das dem Justizrat Oppenheimer gehört hatte. Während nun in der Villa eine SS-Besatzung hauste, sollte der umliegende Boden, so lautete der Vorschlag, durch jüdische Jugendliche bearbeitet werden. Der Ertrag dieser Arbeit hätte an die SS zu gehen, die Jugendlichen selbst aber sollten dort ungestört arbeiten können. Die Gestapo hatte zu Wendel gesagt: „Ihr wollt doch eure Leute gern für Palästina vorbereiten; hier habt ihr eine Gelegenheit, zu arbeiten und die Kinder auszubilden.“ Ich war zunächst dagegen, denn ich wollte den Unterricht in der Schule nicht gefährden. Hans Wendel, wir nannten ihn Hawe, schlug daher vor, die Kinder im Wechsel je eine halbe Woche in Wannsee arbeiten zu lassen, so daß alle auch noch Schulunterricht erhalten konnten. Wir einigten uns auf diese Weise, und Hawe sagte zu. Er hoffte vor allem, daß unsere Kinder dadurch von anderer Zwangsarbeit verschont blieben. Sie waren begeistert, denn das brachte Abwechslung. Sie arbeiteten gern draußen, von morgens bis zum Nachmittag, und lernten dabei Gemüsebau und Blumenzucht. Der Betrieb wurde durch einen SS-Mann namens Friedrich beaufsichtigt. Unser Leiter Georg Alexander, ein Fachmann, den die Reichsvereinigung beauftragt hatte, verstand sich mit Friedrich gut, der sich selten einmischte. Die Kinder konnten zum Teil von den Erträgen, die für die Nazis nicht mehr gut genug waren, noch etwas mit nach Hause nehmen. Als dann die Jual-Schule geschlossen werden mußte, gelang es uns, den Unterricht und die Chewra-Arbeit nach Wannsee zu retten. Durch Vermittlung von Alfred Selbiger konnte ich zweimal wöchentlich nach Wannsee hinausfahren und dort weiter unterrichten. Trotz des allgemeinen Fahrverbots für Juden erhielt ich, wie auch andere Mitarbeiter der Reichsvereinigung, freie Fahrerlaubnis für ganz Berlin.

Juni 1942.
„Gartenbauschule Wannsee" mit Georg Alexander (Mitte).

Kinder ab vierzehn mußten jetzt in den „Arbeitseinsatz".

Letzte Tagung der Jugend-Alija-Leitung im August 1941.
Von links nach rechts:
Lotte Kaiser,
Arthur Posnanski,
Hans Wolfgang Cohn,
Sonja Okun,
Alfred Selbiger,
Ludwig Kuttner,
Kurt Silberpfennig
und rechts
Herbert Growald.

Unser Entschluß, nach Wannsee zu gehen, erwies sich nachträglich als richtig. Während alle anderen jüdischen Kinder ab vierzehn Jahren jetzt zum Arbeitseinsatz eingezogen wurden, konnten unsere Schüler als „Ausbildungsgruppe Wannsee" noch einige Zeit zusammenbleiben. Es gab allerdings keinen geregelten Klassenunterricht mehr, sondern nur noch Szichot unter dem Deckmantel des gartenbaukundlichen Unterrichts, der uns bewilligt worden war. Wir saßen dann in einem Gewächshaus, das zum Grundstück gehörte. Ich erschien in Wannsee offiziell als Theorielehrer für den Garten- und Gemüsebau, wobei meine Hachschara-Ausbildung in Holland mir nun zugute kam.

Wenn der SS-Aufseher Friedrich bei seinen Rundgängen zu uns kam, wurde das Thema sofort gewechselt. Es war erstaunlich, wie schnell die Kinder reagierten und sofort geeignete Fragen stellten oder die passenden Antworten gaben. Wenn unser Thema zum Beispiel die Entwicklung des Aufbauwerkes in Erez Israel war, so fragten sie stattdessen nach der Samenentwicklung von Mohrrüben, oder, wenn gerade vom Geburtsort des jüdisch-spanischen Philosophen Maimonides die Rede war, nach der Heimat der Tomaten.

Diese letzte Schulgruppe bestand noch bis zum Sommer 1942, bis zu dem Zeitpunkt, als jeglicher Unterricht für Juden verboten wurde. Alle jüdischen Schulen wurden geschlossen, die Lehrer als „Ordner" bei den Deportationen eingesetzt, Schulkinder ab zwölf Jahren zu leichteren Zwangsarbeiten eingeteilt. Einige wenige Kibbuz-Gemeinschaften in Steckelsdorf, Neuendorf, Paderborn, Frankfurt/Oder und Teupitz konnten als „Arbeitseinsatzlager" noch bestehen bleiben, arbeiteten jetzt aber ausschließlich für die deutschen Interessen. Die hier lebenden Menschen wurden im Frühjahr 1943 deportiert.

Im Schatten der Deportationen

Im Laufe des Jahres 1941 waren schon Gerüchte über bevorstehende „Judentransporte" umhergegangen. Es schien unglaublich, daß diese Menschen nach Osten „ausgesiedelt" werden sollten, nach Polen, wo Juden auf engstem Raum und in ärmlichsten Verhältnissen lebten und nicht gelitten waren. Wir ahnten die Einrichtung von Lagern oder Ghettos in bestimmten Städten. Wohl niemand, niemand vor allem unter uns Jüngeren, konnte sich vorstellen, was die deutsche Regierung plante.

Im Juli 1941 beschloß die NSDAP-Führung, die „sachlichen, materiellen und organisatorischen" Voraussetzungen für eine „Gesamtlösung der Judenfrage" vorzubereiten. Anfang September wurden alle Juden ab sechs Jahren verpflichtet, einen gelben Stern mit der Aufschrift „Jude" zu tragen. Wir durften unseren Wohnort nur noch mit Sondergenehmigung verlassen und die öffentlichen Verkehrsmittel so gut wie nicht mehr benutzen. Auf der Straße kontrollierten Gestapo-Leute mit einem Bleistift, ob der Stern fest angenäht war. Sie warteten vor jüdischen Wohnungen, ob jemand gegen die Ausgangssperre verstieß. Wer fünf Minuten nach acht nach Hause kam, weil er vielleicht einen weiten Fußweg zurückgelegt hatte, mußte mit Verhaftung rechnen. Was wir erlebten, war lächerlich und schrecklich zugleich. Aber es wurde Alltag, wie so vieles in den Jahren zuvor.

Ende September forderte die Gestapo die Jüdische Gemeinde auf, die Synagoge in der Levetzowstraße 7/8 zu einem Sammellager für 1000 Personen herzurichten. Dies wurde mit bevorstehenden „Evakuierungen" begründet, die unter anderem Wohnraum für die „arische" Bevölkerung schaffen sollten. Die Gemeinde mußte Personal für das Sammellager stellen, für Verpflegung, Medikamente, Schlafgelegenheiten und Wäsche sorgen. Sie organisierte in kurzer

Zeit ein Betreuungsprogramm für die von der „Abwanderung" Betroffenen. Einen genauen Termin für den Beginn der „Evakuierungen" erfuhr sie zunächst nicht.

Am 18. Oktober 1941 verließ der erste „Transport" mit über 1000 Berliner Juden den Güterbahnhof Grunewald in Richtung Lodz/Polen. Es folgten in kurzen, willkürlichen Abständen weitere mit ebenso vielen Personen. Die Menschen, aufgerieben von jahrelangen Demütigungen, verunsichert durch Gerüchte und Propaganda, schickten sich in das Ungewisse. Viele gingen zur Deportation mit dem Bewußtsein, in Würde und aufrechter Haltung einen schweren Weg anzutreten. Es war eine religiöse Haltung, ein tiefer Glaube an das eigene Recht, das der deutsche Nationalsozialismus nicht würde brechen können. Es war aber auch die Hoffnungslosigkeit, die viele dazu bewog, zur Deportation mitzugehen und einzelne, vor allem ältere Juden in den Verzweiflungstod trieb.

Die Deportationen machten anfangs den Eindruck einer durchaus geordneten Ausreise. Etwa zwei Wochen vor dem Termin erhielten die Betroffenen die sogenannten „Listen": In einem Anschreiben wurde ihnen mitgeteilt, an welchem Tag die „Abwanderung" erfolgen sollte; beigegeben waren ein ausführliches Merkblatt, eine Liste von Gegenständen, die mitgenommen werden durften sowie eine Anweisung, wie die Wohnung hinterlassen werden sollte. Viele mußten sich zu Fuß zum Sammellager begeben. Lastwagen der Gestapo holten Familien, Alte und Gebrechliche von der Wohnung ab. Ein Gestapo-Mann, begleitet von jüdischen Ordnern, ging dann in die Wohnungen, wo die Menschen sich mit gepackten Koffern schon bereit hielten. Für den Abschied von den Angehörigen – oft waren sie einem anderen „Transport" zugeteilt – blieb wenig Zeit. Die Ordner versuchten zu trösten und halfen beim Koffertragen. Im Lastwagen befanden sich schon andere Familien mit ihren Kindern, mit Taschen, Decken und Rucksäcken. Wenn das Auto voll war, fuhr es ins Sammellager, wo die Menschen oft tagelang warten mußten, bis insgesamt 1000 Personen eingetroffen waren. Es gab Decken und Strohsäcke, auch einige Matratzen, und die Angestellten der Gemeinde verteilten Suppe und Brot. Oft war es ein Montag, wenn Laster-Kolonnen von der Levetzowstraße zum Bahnhof Grunewald fuhren. Dort stand ein leerer Zug, anfangs mit alten Personenwagen, dann mit unbeheizten Güterwagen oder Viehwaggons. Die Ordner verteilten ein letztes Essen. Sanitäter halfen den Erschöpften, denn es dauerte oft Stunden, bis der Zug abfuhr. Mit jedem „Transport" mußten auch einige Ordner mitgehen.

Es waren die letzten Wochen der Jugend-Alija-Schule, als die Deportationen begannen. Wir hatten überlegt, was wir tun könnten, falls es unsere Schüler betraf. Wir hätten ja schreien müssen: Kinder, es geht los! Aber wir wußten nicht, was wir tun sollten. Eine Ausreise war nicht mehr möglich. Die Kinder wollten natürlich bei den Eltern bleiben, und an ein Untertauchen dachten damals die wenigsten. Wo hätten sich auch Tausende verstecken können in diesem Land? Deutschland war nicht Polen, wo es eine Partisanenbewegung gegen Hitler gab. Deutschland war Preußen, und auch wir gehörten dazu. So kamen von Mal zu Mal Schüler mit der Nachricht in den Unterricht, daß sie „dran" seien, daß die Familie die „Listen" erhalten habe. Wir verabschiedeten uns von ihnen, haben ihnen Mut gemacht, und anfangs gab ich ihnen noch ein Stück Kordel als Erinnerung mit. Wir versprachen, einander zu schreiben, sobald die Kinder angekommen waren. Heute ist es mir unbegreiflich, wie nun auch das zu unserem Alltag gehören konnte.

Als die Jugend-Alija-Schule geschlossen wurde, sollte ich wie andere entlassene Lehrer der Gestapo als Ordner zugeteilt werden. Doch Alfred Selbiger hatte erreichen können, daß ich in der Großküche der Jüdischen Gemeinde in der Gormannstraße als Küchenhelfer arbeiten konnte. Dadurch konnte ich auch den Unterricht mit Schülern in der „Gartenbauschule Wannsee" noch fortsetzen.

In der Großküche wurde täglich für 600 Menschen gekocht. Die Ärmsten der Armen bekamen hier eine warme Mahlzeit, und die Küche versorgte auch die jüdischen Arbeiter in den Fabriken, die in den Betriebskantinen nicht mehr essen durften. Meine Aufgabe war es vor allem, 50-Liter-Essenskübel in die Fabriken zu fahren. Ich arbeitete mit einem Mann zusammen, der früher eine jüdische Speditionsfirma besessen hatte. Eine ehemalige Schauspielerin leitete den großen Betrieb. Die Köchinnen waren meist Frauen aus „Mischehen", und die Bewohnerinnen des jüdischen Altersheims im gleichen Gebäude halfen beim Kartoffelschälen und Gemüseputzen.

Die Großküche versorgte auch das Sammellager in der Levetzowstraße. Wenn das Eintopfgericht und die Margarinestullen für einen „Transport" vorbereitet wurden, war es beklemmend still. Wir arbeiteten dann auch nachts, und am Morgen fuhr ich mit dem Lieferwagen zur Synagoge. Oft konnte ich einen Blick hineinwerfen, obwohl ich das Gebäude nicht betreten durfte. Da erblickte ich eines Tages meine Tante Ella Lehburg unter den Wartenden. In einer langen Menschenreihe stand sie müde und erschöpft, einen Blechnapf in der Hand. Nun konnte ich nicht einmal mit ihr sprechen oder ihr Zeichen geben. Ich sah auch Schüler und Freunde, und manchmal gelang es noch, ihnen eine Nachricht zukommen zu lassen oder einen Zettel herauszuschmuggeln. Die jüdischen Ordner – wir kannten uns ja oft – halfen dabei.

Die Frage der Kooperation mit den Nazis überschattete in dieser Zeit alles, was von und für Juden noch getan werden konnte. Wie war es möglich, daß jüdische Lehrer und Erzieher in Gemeinschaft mit der Gestapo Funktionen ausübten, die der Vernichtung des eigenen Volkes dienten? Wie konnten Reichsvereinigung und Jüdische Gemeinde sich auf diese Weise den Plänen der Gestapo zur Verfügung stellen?

Ich möchte diese Frage nicht glätten. Aber ich meine, daß niemand, der nicht dabeigewesen ist, ein Recht hat zu urteilen. Die allermeisten, die in diesem Rahmen gearbeitet haben, glaubten, durch ihren persönlichen Einsatz noch helfen zu können. So hatten mein Kollege Rudi Sonnenfeld und seine Frau schon Vorbereitungen zum Untertauchen getroffen, als sie von der Gemeinde gebeten wurden, den Ordnerdienst zu übernehmen. Sie verschoben ihre Pläne, um anderen zur Seite zu stehen, und faßten dies in keiner Weise als ein Kooperieren auf. Sie wollten warten, bis sie selbst die „Listen" bekamen. Dann war es zu spät, sie mußten mit dem nächsten „Transport" mitgehen.

Dr. Paul Eppstein als Vertreter der Reichsvereinigung wurde täglich in die Kurfürstenstraße 115-116 bestellt, wo sich das „Referat IV B 4 für Judenangelegenheiten" des Reichssicherheitshauptamtes befand. Er nahm dort die neuesten Befehle der Gestapo entgegen,

Im Hof der
jüdischen Großküche
in der Gormannstraße.
Frühjahr 1942.

*Ich fuhr das Essen
ins Deportations-
Sammellager.*

um sie an die verschiedenen Abteilungen der Reichsvereinigung zur „Bearbeitung“ weiterzuleiten. Aus vielen Gesprächen weiß ich, daß diese Arbeit für die meisten Angestellten unerträglich war. Doch auf Verweigerung stand die eigene Verhaftung, die sichere Deportation.

Wenn ich abends nach meiner Arbeit noch zu Alfred Selbiger in die Reichsvereinigung ging, hörte ich von den neuesten Vorgängen und Verordnungen. Oft versuchten wir in verzweifelter Stimmung, die Lage zu durchdenken – im vergeblichen Bemühen um irgendeinen Ausweg. Als ich am Abend des 29. Mai 1942 zu Alfred kam, fand ich ihn erschüttert. Folgendes war geschehen: Nach dem Anschlag der Widerstandsgruppe Baum auf die Nazi-Ausstellung „Das Sowjet-Paradies“ hatte man alle leitenden Mitarbeiter der Reichsvereinigung in die Kurfürstenstraße bestellt, unter ihnen auch den hochbetagten Dr. Leo Baeck. Dort mußten sie viele Stunden stehen, mit dem Gesicht zur Wand, bis sie den Grund erfuhren. Die Gestapo teilte ihnen mit, daß 250 Juden, die man nach dem Brandanschlag willkürlich verhaftet hatte, erschossen worden seien. Die Reichsvereinigung trage nun die Verantwortung, wenn bei erneuten Sabotage-Handlungen weitaus mehr Menschen getötet würden.

Einen Handlungsspielraum der jüdischen Institutionen gab es nicht mehr. Inzwischen mußte die Gemeinde selbst die Namenslisten für die Deportationen zusammenstellen und ihre Gemeindemitglieder benachrichtigten. Sie konnte dabei in Einzelfällen noch Rückstellungen erreichen, was aber immer bedeutete, daß ein anderer Name auf die Liste gesetzt werden mußte.

Als sich die Fälle häuften, in denen die Betroffenen bis zum Datum ihrer Deportation auf irgendeine Weise verschwanden, ging die Gestapo dazu über, die Menschen ohne Vorankündigung aus den Wohnungen zu holen. Am 9. November verhaftete sie 20 Angestellte aus Reichsvereinigung und Gemeinde als „Geiseln“ für geflüchtete Juden. Acht von ihnen, darunter auch Alfred Selbiger, wurden am 20. November 1942 auf einem Kasernenhof in Lichterfelde erschossen, die übrigen deportiert. Diese Nachricht erreichte mich, als ich selbst schon illegal lebte.

Mitgehen oder untertauchen?

Der Gedanke an ein Untertauchen kam zum ersten Mal im Winter 1941/42 auf. Im Oktober hatten die Deportationen begonnen. Nicht jeder bekam die „Listen“, aber der Vorgang war unheimlich für alle. Niemand von uns glaubte damals, daß die Deportationen den sicheren Tod bedeuteten. Das war trotz der bisherigen Erfahrungen in Deutschland für uns einfach undenkbar. Als europäischer Kulturmensch konnte man sich eine Rückkehr in bestialische Zeiten einfach nicht vorstellen. Wir wußten von der sogenannten „Schutzhaft“ und von einzelnen Folterungen, und natürlich hatten wir von der Einrichtung großer Konzentrationslager erfahren. Aber ein systematischer Massenmord im 20. Jahrhundert, eine regelrechte Tötungsindustrie – das konnte nicht möglich sein. So hatten wir bei den Deportationen die Vorstellung von einer Zwangsumsiedlung oder Internierung in Arbeitslager des Ostens, wo wir unter sehr harten und schweren Bedingungen für die Kriegsmaschinerie des Dritten Reiches zu arbeiten hätten, aber doch immerhin am Leben blieben.

Erst allmählich, Anfang 1942, sickerten unheimliche Gerüchte durch, denen zufolge die Nazis nicht nur in Deutschland, sondern auch in allen Ländern, die sie besetzt hatten, das Judentum „ausrotten“ wollten. Das ausländische Radio brachte Nachrichten über Massaker an Juden und anderen Bevölkerungsgruppen. Das Abhören nicht-deutscher Radiostationen war aufs strengste verboten, und man hatte ja schon am Jom Kippur 1939 unsere Radioapparate eingezogen. Dennoch saßen wir oft bei nicht-jüdischen Freunden oder in der illegalen Zeit bei unseren Helfern, um in den Abend- und Nachtstunden ausländische Sender zu hören. Das berühmte Klopfzeichen von BBC erschien uns wie ein Signal der Freiheit. Die Nachrichten waren oft zu optimistisch und in diesem Sinne unbegründet, aber die Ankündigung der Kriegspläne der Alliierten und die Prophezeiungen vom nahenden Zusammenbruch des Hitler-Regimes gaben uns neuen Mut. Mit Decken über dem Kopf und Kissen an beiden Seiten des Radioapparates lauschten wir dicht an den Apparat gelehnt der Stimme von jenseits des Kanals. Ich erinnere mich noch, wie in einer Sendung ein deutscher Lokomotivführer, der ins Ausland geflüchtet war, erzählte, was er bei den Transporten in den Osten erlebt hatte: Wie der von ihm geführte Güterzug, vollgepfropft mit jüdischen Menschen, auf offener Strecke zum Halten gebracht wurde, wie viele „Passagiere" bereits in den Viehwaggons zusammengebrochen waren und wie die übrigen dann auf freier Strecke erschossen und niedergemacht wurden. Doch jeder Mensch sträubt sich dagegen, schreckliche Wahrheiten anzunehmen und zu Ende zu denken. So glaubten wir noch 1942 eher an einzelne „Ausschreitungen" als an einen systematischen Völkermord.

Ende 1941 hatte Edith Wolff, mit der ich inzwischen näher bekannt geworden war, eine Reise nach Wien unternommen, um dort mit Freunden aus dem Hechaluz die zugespitzte Situation zu beraten. Sie kam mit der Überzeugung zurück, daß Auswege gefunden werden müßten, um einer Deportation zu entgehen. Für Ewo war jetzt der Zeitpunkt gekommen, praktischen Widerstand gegen die Nazis zu leisten. Sie suchte Mittel und Wege, damit Juden untertauchen oder ins Ausland fliehen konnten und nahm Verbindung auf zu Menschen, die bereit waren, verfolgten Juden zu helfen, auch in den technischen Dingen, die für das Leben im Untergrund oder eine illegale Auswanderung zu regeln waren. Es waren vor allem Dr. Franz Kaufmann und Helene Jacobs von der Bekennenden Kirche und der evangelische Pfarrer Heinrich Grüber mit seinem Büro an der Stechbahn. Zu ihnen gehörten auch Dr. Gertrud Luckner von der Katholischen Aktion und Ernst Hallermann aus dem „Bund der nicht-arischen Christen".

Ewo versuchte nun, auch mich davon zu überzeugen, daß man sich den Transporten entziehen müsse, um versteckt lebend das Ende des Dritten Reiches abzuwarten. Das war Anfang 1942. Ich wehrte diesen Gedanken zunächst entschieden ab, denn es war mir – einem nach preußischen Grundsätzen erzogenen Juden – völlig undenkbar, mit falschen Papieren herumzulaufen, mich zu verstekken und mit „Lug und Trug“ zu leben. Ewo ließ mir einige Zeit zum Überlegen. Aber immer wieder beteuerte sie, daß man als Jude die moralische Pflicht habe, sich für das Aufbauwerk in Palästina zu erhalten, statt sich einfach „wie ein Stück Vieh von den Nazis abschlachten zu lassen“. Als ich Ewos Gedanken in führenden Kreisen des Bundes vortrug, tat man sie als utopisch und als abwegig für einen chaluzischen Menschen ab. Alfred Selbiger, damals unser Bundesleiter, war der Meinung, daß wir aus dem Hechaluz die „heilige Pflicht“ hätten, selbst bei der Deportation den jüdischen Menschen voranzugehen. Auch Dr. Eppstein hatte vor illegalen Aktionen gewarnt. In heftigen Diskussionen erklärte sich die Mehrheit der Chawerim für diesen Standpunkt, und nur eine kleine Minderheit war bereit, sich mit dem Gedanken der Flucht oder des Untertauchens auseinanderzusetzen.

Im Sommer 1942 ließ mich der Gedanke nicht mehr los. Die Nachricht von der bevorstehenden Deportation meines Vaters hatte mich sehr aufgewühlt. Auch mit ihm führte ich nun eine lange Diskussion um das Untertauchen und wollte ihn dazu überreden, nicht zur Deportation mitzugehen. Doch der Vater lehnte einen solchen Gedanken für seine Person vollkommen ab, war er doch Zeit seines Lebens immer auf äußerste Korrektheit bedacht gewesen. Im Ersten Weltkrieg hatte er für Deutschland gekämpft. Er konnte nicht glauben, daß das „deutsche Vaterland“, dem er sein Leben zu geben bereit gewesen war, ihm jetzt das Leben nehmen könnte. Die gleiche Haltung hatten einige Monate zuvor meine Wirtsleute vom Holsteiner Ufer 17 in Moabit, die Familie des Studienrats Dr. Lewinsohn, eingenommen, als sie im Februar 1942 die Aufforderung zur Deportation erhielten. Dr. Lewinsohn war immer ein pflichtbewußter preußischer Beamter gewesen. So bereitete sich die Familie nun tagelang auf die Deportation vor, als ob es ein Wohnungswechsel wäre: die Wäsche wurde ausgebessert, die Koffer wurden gepackt, und gründlich wurde noch einmal die ganze Wohnung sauber gemacht – denn man sollte ihnen „nichts Schlechtes nachsagen“ können.

Unvergeßlich war der Abschiedsabend beim Vater. Die ganze Familie mit Onkeln und Tanten war noch einmal zusammen-

Die Mutter konnte ich 1936 noch einmal in Holland besuchen.
Helene Schwersenz, Sanatorium Apeldoorn, 1941.

Ich wollte den Vater zum Untertauchen bewegen.

Wilhelm Schwersenz, November 1941.

gekommen. Zwar konnten wir uns nicht lange aufhalten, denn es war schon vorgekommen, daß Juden, die sich zufällig in der Wohnung befanden, von der Polizei gleich mitgenommen wurden, auch wenn sie noch gar nicht auf der Liste standen. Der Abend war wie das Begräbnis eines Lebenden. Allerdings glaubten wir auch jetzt noch an ein Wiedersehen, wenn wir uns zum Abschied „auf lange Zeit" auch weinend in den Armen lagen. – Vier Tage später sahen wir den Vater wieder. Er war durch die Hilfe seines Chefs noch einmal zurückgestellt worden. Dieser Mann, Direktor einer Waffenfabrik, hatte sich persönlich in das Sammellager der Synagoge Levetzowstraße begeben, um mit Hinweis auf die Tüchtigkeit meines Vaters seinen Arbeiter wieder freizubekommen. Immer wieder kam es damals noch vor, daß die Industrie sich mit Erfolg gegen die Deportation ihrer Facharbeiter wandte, denn sie arbeitete auf Hochtouren, vor allem in den „kriegswichtigen Betrieben", und brauchte alle verfügbaren Arbeitskräfte. Es war für die so Befreiten aber nur eine vorläufige Zurückstellung.

Der Schrecken saß tief, auch wenn der Vater wieder unter uns war. Ich bereitete mich innerlich darauf vor, im Ernstfall selbst den Weg des illegalen Lebens zu versuchen. Ewo hatte inzwischen ihren Plan, mich als ersten aus dem Hechaluz für diesen Weg zu gewinnen, konkret weiterverfolgt. Ausschlaggebend war am Ende der Gedanke, daß wir so gemeinsam versuchen könnten, Kinder zu retten. Zu ihren Vorbereitungen gehörte es unter anderem, daß sie die Fiktion in Umlauf setzte, wir seien miteinander verlobt. Sie wollte auf diese Weise ihre Angehörigen, ihre Freunde und Kollegen dafür gewinnen, mir zu helfen.

Mitte August 1942 erhielt ich per Post die Aufforderung, mich am 28. August um 18 Uhr zur Abholung in das Sammellager Levetzowstraße bereitzuhalten. Nun mußte ich mich entscheiden. Ewo war mit ihrer Mutter ins Riesengebirge verreist, doch ahnungsvoll und besorgt hatte sie mir vor der Abreise das feste Versprechen abgenommen, mich keinesfalls abtransportieren zu lassen, sondern ihr, wenn ich in dieser Zeit die „Listen" erhalten sollte, sofort eine Nachricht zu geben. Ich schickte ihr ein vorher verabredetes, verschlüsseltes Telegramm.

Nachdenklich ging ich am folgenden Tag in der berüchtigt

gewordenen Levetzowstraße auf und ab. Die Synagoge war früher eines der schönsten und größten der liberalen Gotteshäuser in Berlin gewesen. Nach den Synagogenbränden von 1938 noch leidlich erhalten, wurde sie nun von der Gestapo schändlich mißbraucht. Wie ich in Gedanken vor der Synagoge stehe, entdecke ich unter dem Dach über den hohen Eingangspforten in hebräischen Buchstaben das Jesaja-Wort: „Haus Jakob, lasset uns aufbrechen." Das war das Losungswort jener ersten Pioniere gewesen, der Biluim, die in den achtziger Jahren des vergangenen Jahrhunderts aufbrachen, um unter schwersten Bedingungen in Palästina ein neues und freies Leben aufzubauen. Hätten doch unsere Väter diesen Ruf nur richtig verstanden! Aber sie hörten nicht auf die alten und nicht auf die neuen Propheten. Der Zionismus war von vielen nur verlacht worden. Jetzt aber mußten die deutschen Juden der Losung wider ihren Willen folgen – nicht zum Leben, sondern in den Untergang.

Erregt ging ich zu Alfred Selbiger, um mit ihm über meine Situation zu sprechen. Ohne die Zustimmung des Bundes und des Hechaluz wollte ich nicht handeln. Die Freunde waren über die Nachricht erschrocken, denn ich war der erste von den Verantwortlichen unserer Bewegung, der zur Deportation gehen sollte. Wieder diskutierten wir lange über das Untertauchen, und diesmal stimmte Alfred meinem Plan zu. Er erklärte sich darüber hinaus bereit, mir aus der „schwarzen" Kasse des Hechaluz monatlich 100 Mark zur Verfügung zu stellen. Meinen Vorschlag, daß andere gefährdete Chawerim, darunter auch Kinder, mit mir in die Illegalität gehen sollten, lehnte er ab. Wir konnten sie ja nicht einfach aus den Familien nehmen, das hätte niemand verstanden. Aber ich hörte zum ersten Mal Worte, die als positiv gelten konnten: „Mach' du jetzt erst einmal den Versuch; dann wollen wir uns weiter darüber beraten." Über einen Verbindungsmann, Hardy Plaut, sollte ich dem Bund über meine Erfahrungen berichten. Am 27. August verabschiedete ich mich von Alfred. Auf meine Frage, was ich denn während des Verstecktseins tun solle, sagte er: „Du hast jetzt die Zeit und die Pflicht, alles niederzuschreiben; die Geschichte unseres Bundes, der Jugend-Alija und des Hechaluz zur Zeit des Krieges in Hitler-Deutschland!" Diesen Auftrag habe ich nie vergessen, wenn ich ihn auch erst spät erfüllen konnte.

Alfred hatte mir noch geraten, niemanden über mein Untertauchen zu informieren, damit Freunde und Bekannte bei einer Befragung durch die Gestapo nicht in Verlegenheit kämen. So ließ ich auch meine Wirtsleute in der Tile-Wardenberg-Straße 28, bei denen ich nach der Deportation von Lewinsohns untergekommen war, von meinem Plan nichts wissen. Ich täuschte sie, indem ich zwei alte, mit Steinen gefüllte Koffer ins Zimmer stellte, zwei alte Schlafdecken darauf – so als ob ich mich zur Abholung bereithalten würde. Mit Hilfe einiger Freunde, die ich unter strengster Diskretion eingeweiht hatte, brachte ich in der Nacht zum 28. August meine persönlichen Sachen, Bücher und Fotos, Akten, Briefe und Kleidung zu befreundeten Familien, die sich zur Aufbewahrung dieser Dinge bereiterklärt hatten. Solche Hilfe war nicht selten. Wir nannten diese Menschen „Aufbewarier", und viele haben das ihnen anvertraute Gut durch den Krieg gerettet. Andere mußten in eigener Not alles hinter sich lassen, und einige haben sich auf diese Weise auch an jüdischen Wertgegenständen bereichert.

Die Nachricht von meiner Deportation hatte sich schnell herumgesprochen. Ich erhielt bis zum 28. August viele Abschiedsbriefe, „Kondolenzschreiben", wie ich sie nannte. Es war mir wirklich so, als wenn ich angesichts meines bevorstehenden Todes selber noch Beileidsschreiben entgegennehmen mußte. Nicht nur aus Berlin, sondern aus ganz Deutschland trafen rührende Briefe ein. Viele Chawerim hatten sogar noch ein Foto mitgeschickt. Unter den Briefen war auch einer von dem sechzehnjährigen Ruwen Bernstein, der mit den Worten schloß: „Auf alle Fälle will ich mich von Dir verabschieden. Du hast uns in der Schule selbst einmal auf die schöne Abschiedsstelle hingewiesen, bei der Lektüre von Shakespeare/Julius Cäsar, wo es heißt, und die nun auch für uns gilt: ‚Sehen wir uns wieder – nun so lächeln wir, wenn nicht, war wohlgetan dies Scheiden.' " – Es waren schreckliche Tage.

Am Abend des 28. August sollte ich auf die Gestapo warten. Am Nachmittag aber fuhr ich mit Arje Dawidowicz, einem der Treuesten aus meiner Gruppe, in den Grunewald. Wir trennten den Judenstern von meiner Jacke ab, und ich steckte mir das für diesen Zweck von Ewo besorgte Abzeichen der „Deutschen Arbeitsfront" an die Brust. Nach Anbruch der Dunkelheit fuhr ich nach Berlin zurück. Ich hatte die Stadt mit dem Judenstern verlassen, um mit dem Hakenkreuz zurückkehren. So verändert, schlenderte ich durch die Straßen, um die neue Freiheit als Durchschnittsbürger ein wenig auszuprobieren. Um 22 Uhr fuhr ich zum Görlitzer Bahnhof, um dort wie verabredet Ewos Rückkehr zu erwarten. Sie hatte ihre Reise sofort abgebrochen und nahm mich mit zu ihren Eltern nach Friedenau, in die Kaiserallee 79. Diese Wohnung wurde mein erstes illegales Quartier. Ich konnte mich so unter vertrauten Menschen mehrere Wochen lang an mein neues Leben gewöhnen.

Unsere illegale Gruppe, der letzte Halt

Die Wohnung Ewos wurde am 27. Februar 1943 zum Fluchtpunkt für viele unserer Kinder. Es war der Tag der sogenannten „Fabrikaktion“, an dem die noch in Berlin lebenden Juden völlig unvorbereitet in ihren Arbeitsstätten und Wohnungen zusammengetrieben wurden und, auf Lastwagen gepfercht, zur letzten und brutalsten Massendeportation „abgeholt“ wurden. Ich sah die Gestapo-Autos, die verzweifelten Menschen. Ich wußte, nun kommt auch der Vater nicht mehr zurück.

Ewo und ich hatten die Kinder schon vor meinem Untertauchen auf diese „Stunde X“ vorbereitet, auf den Augenblick, in dem es keinen Ausweg mehr gab. Wir wußten nicht, wie das aussehen würde, aber wir hatten ihnen auf unseren Zusammenkünften immer gesagt: Wenn eine Stunde kommt, wo alles verloren ist, wo ihr dann ohnehin nicht mehr bei den Eltern bleiben könnt, dann müßt ihr versuchen, euch zu retten, dann kommt zu Ewo, kommt dorthin in der Dunkelheit, da seid ihr sicher – und in der Tat, an diesem Abend trafen eine Reihe unserer früheren Schüler, unsere Mädchen und Jungen aus dem Bund bei Ewo ein. Es war ihnen gelungen, von den Lastwagen abzuspringen, sich zu verstecken oder über die Dächer zu fliehen, als sie die Gestapo-Autos auf der Straße sahen. Sie hatten nicht viel Zeit zum Überlegen, es geschah alles sehr plötzlich. Aber sie hatten einen starken Lebenswillen, und sie wußten: Das ist jetzt der Augenblick.

Auch diese Kinder durfte es nun offiziell nicht mehr geben. Die Eltern waren fort, bestenfalls gab es noch einen Bruder oder eine Schwester, die sich ebenfalls hatten retten können. Und es gab uns, die Übriggebliebenen, die Flüchtigen. In dieser Situation gründeten wir die illegale Jugendgruppe „Chug Chaluzi“ (Kreis der Pioniere).

Von Anfang an war es unser Ziel, nicht nur das Leben dieser Menschen durchzubringen, sondern auch – und noch viel mehr – sie geistig und menschlich zu stärken und sie im Sinne unserer zionistischen Ideen auch weiter zu bilden. Wir wollten unsere Erziehungsarbeit, so wie wir sie vorher verstanden hatten, auch unter den schwierigsten Bedingungen weiterführen, mit allem, was uns immer wichtig gewesen war: das Bewußtsein für die jüdische Tradition und die jüdische Gemeinschaft, die Kameradschaft untereinander, und nicht zuletzt auch das Interesse an Kultur und Literatur. In der Abgeschlossenheit unseres Daseins versuchten wir, die Brücken zur Außenwelt nicht völlig abreißen zu lassen. Vor allem wollten wir das Band mit dem jüdischen Land wenigstens in unseren Gedanken fester knüpfen. Das Schicksal der Juden sollte durch die Arbeit in der Gruppe, durch unsere kleine, aber feste und verläßliche Gemeinschaft in einen positiven Wert umgewandelt werden. In den Willen, das jüdische Schicksal auf sich zu nehmen, um es für die Zukunft besser zu gestalten, damit eine Wiederholung der Leiden und Verfolgungen für alle Zeiten unmöglich würde. Unser Name Chug Chaluzi sollte zum Ausdruck bringen, daß die Erhaltung unseres Lebens notwendig sei für die Alija nach Erez Israel und notwendig für den Aufbau des Landes. Wir wollten durchhalten um der jüdischen Zukunft willen, die Freiheit erreichen um des jüdischen Aufbaus willen.

Wir gaben der Gruppe ein Symbol, das diese Ziele ausdrücken sollte. Wir übernahmen das von Manfred Lewin für unsere noch legale Bundesarbeit entworfene Bild: Es zeigt in der Mitte die Küste Palästinas, den Jordan mit dem See Genezareth und unten das Tote Meer. Dahinter steigen die Berge Galiläas auf. Über ihnen geht die Sonne auf, gewissermaßen die Sonne der Freiheit, auf die wir hofften; in der Sonne sind die Gesetzestafeln, die Tafeln der zehn Gebote, die den religiösen Inhalt unserer Gruppenarbeit symbolisieren sollen. Über den Bergen ist der Wahlspruch unserer Gruppe zu sehen: „Af alpi chen" (Trotz alledem). Ein Wachtturm in der Mitte des Bildes, wie er in allen palästinensischen Kibbuzim gestanden hatte, diente der Verteidigung. Oben steht ein Späher mit einem Scheinwerfer. In diesem Wachtturm sehen wir die Pfadfinderlilie, die ausdrücken sollte, daß wir auch unsere pfadfinderische Tradition innerhalb der Gruppe fortführen wollten. Unten im Bild dann

Das Symbol der illegalen Gruppe „Chug Chaluzi“.

das Wichtigste, ein Zaun, der Zaun, der uns von der Freiheit trennte, von unserem Land, aber über dem Zaun gibt es drei Buchstaben. Es sind die Buchstaben des Wortes „Chasak" – Sei stark. Dies war ja unser Gruß noch aus der Pfadfinderzeit. „Sei stark und fest" – das sind Worte aus dem 1. Kapitel Josua, und der Mittelbuchstabe, der den Charakter eines Schwertes hat, durchbricht diesen Zaun, durchschlägt ihn. Wir wollten damit ausdrücken: Wenn wir stark sind, dann werden wir den Zaun, der uns von der Freiheit trennt, durchbrechen können. Dieses Bild, unser Symbol, war uns wie ein Kleinod. Wir haben es immer wieder neu gezeichnet und jedem Chawer, der Geburtstag hatte, ein eigenes Bild geschenkt.

In der folgenden Zeit sind im ganzen etwa vierzig junge Menschen zu uns gekommen. Zwölf bildeten den Kern der Gruppe und waren von Anfang an dabei: Neben Ewo und mir gehörten dazu Jehuda und Zwi mit ihren wirklichen Namen Leopold (Poldi) Chones und Heinz Abrahamsohn, das Zwillingspaar Gad (Gerd) und Miriam (Margot) Beck, Ruwen (Rudi) Bernstein und Arje (Günther) Dawidowicz. Sie alle waren bis auf Miriam Schüler der Jugend-Alija-Schule gewesen. Eva Fleischmann, die mit mir zusammen ansehen mußte, wie ihre Eltern abtransportiert wurden, trat ebenfalls dem Chug Chaluzi bei. Ihre Tapferkeit, ihre Ruhe und Gelassenheit waren beispielhaft für uns alle. Wir nannten sie mit ihrem jüdischen Namen Chawa, wie Eva in der hebräischen Bibel heißt. Dann war Heinz Linke dabei, den wir Nescher nannten (ein Beiname aus der Pfadfinderbewegung, der Adler bedeutet). Nescher kannte ich noch aus meiner Bundeszeit; er war mit 22 Jahren nach mir der Älteste in unserer Gruppe.

Im April 1943 kam dann der vierzehnjährige Abraham (Alfred) Bernstein zu uns und bat, in die Gruppe aufgenommen zu werden. Seine Eltern waren deportiert worden; er hatte sich mit seiner Schwester Lottchen, die erst neun war, retten können. Alfred war Chawer unseres Bundes und ebenfalls Schüler der Jual-Schule gewesen. Seine Aufnahme war kein Problem für uns, wohl aber die Aufnahme des kleinen Lottchens. Ein Mädchen von neun Jahren konnte, wenn es verhaftet wurde, durch seine Aussagen die ganze Gruppe gefährden. Es war nicht anzunehmen, daß sie schon mit Verstand hätte lügen können. Lottchen war aber ein liebes, sehr ruhiges Kind und schon recht verständig. So überlegten wir lange, was wir tun sollten und konnten am Ende doch nicht anders, als es mit Lottchen zu wagen und das Kind als jüngste Chawera in unsere Gruppe aufzunehmen. Wir brachten ihr bei, was sie im Falle einer Festnahme und was sie überhaupt allen Fremden gegenüber zu sagen habe, welchen Namen sie anzugeben hätte. Wir prägten ihr folgende Geschichte ein: Sie sollte erzählen, daß die Familie bei einem Luftangriff ausgebombt worden sei und daß sie dabei ihre Eltern verloren habe und nicht wisse, wo sie hingehöre. Die Fürsorge für Lottchen übernahm Ewo, nach ihrer Verhaftung nahm sich dann Heinz Linke des Mädchens an. Später kamen noch Margot Feiweles sowie Esther und Moritz Seidmann als feste Mitglieder zu uns. Andere kamen und gingen wieder. Sie fanden bei uns zeitweilig einen Halt und auch konkrete Hilfe. Manche blieben nicht lange, weil sie unsere strengen Gruppenregeln nicht einhalten konnten oder wollten; wir mußten ja von allen äußerste Verschwiegenheit und Verläßlichkeit fordern, um uns nicht in Gefahr zu bringen.

Für jeden, der zum illegalen Leben überging, mußten zunächst die organisatorischen Voraussetzungen geschaffen werden. Um überhaupt versteckt leben zu können, war es nötig, einen Platz zu finden, der als Versteck geeignet war. Die jüdischen Wohnungen waren nicht mehr zugänglich, denn nachdem die Familien zur Deportation geholt worden waren, wurden die Türen durch die Polizei abgeschlossen und versiegelt. Die beiden Chawerim Zwi und Poldi taten freilich etwas ganz Ungeheuerliches. Sie waren nach der Deportation ihrer Eltern vor der Gestapo geflüchtet und gingen in den ersten Wochen zur Übernachtung noch ständig in die eigene Wohnung zurück. Sie schlichen sich in später Nachtstunde ins Haus, bis zur Wohnungstür. Dann entfernten sie mit äußerster Vorsicht die von der Gestapo angebrachte staatliche Siegelmarke, die zur Hälfte auf die Tür, zur anderen Hälfte auf den seitlichen Türbalken geklebt war. Still und leise schlossen sie dann auf und mußten sich natürlich auch die ganze Nacht hindurch so ruhig verhalten, daß niemand aus der Nachbarschaft etwas sehen, niemand von den Hausgenossen etwas hören konnte; sie durften kein Licht machen, nicht ans Fenster treten, keinen Wasserhahn aufdrehen und konnten auch nur auf Zehenspitzen über den Fußboden gehen. Ganz leise, mit äußerster Behutsamkeit, verließen sie am frühen Morgen die Wohnung und klebten die Siegelmarke wieder fest.

Für unser Durchkommen waren neben der Quartierbeschaffung weitere Probleme zu lösen: Wo bekamen wir etwas zu essen? Wie sollten wir uns ausweisen? Wer gab uns das nötigste Geld? Zur Organisation unseres illegalen Daseins waren wir daher auf Menschen angewiesen, die den Mut hatten, uns zu helfen, und die uns noch helfen konnten: Menschen aus nicht-jüdischen Kreisen, christliche Berliner, aber auch Menschen aus „Mischehen", „Mischlinge" oder „Geltungsjuden", die von den Deportationen noch nicht betroffen waren und im allgemeinen weniger bespitzelt oder schikaniert wurden. Für uns waren vor allem jene „Mischehen" von Bedeutung, in denen die Frauen christlicher Herkunft waren und vielfach auch Christinnen blieben. Diese Frauen und „jüdisch-versippten" Mütter haben, obwohl von Ämtern und Behörden ständig Druck auf sie ausgeübt wurde, durch ihr treues Ausharren in vielen Fällen nicht nur ihre jüdischen Ehemänner und ihre halbjüdischen Kinder retten können, sondern auch manche der illegal lebenden jüdischen Menschen.

Unsere Helferkreise teilten wir auch danach ein, was sie für uns tun wollten oder tun konnten. So gab es die „Quartierleute", dann diejenigen, die uns zu Tisch einluden, andere, die uns Lebensmittel oder Marken schenkten, und schließlich die „Geldgeber". Eine besondere Gruppe von Menschen, die uns mit Ausweisen und Personalpapieren behilflich waren, gab es nicht. Vorübergehend hatten wir einen Graveur oder Grafiker, der es verstand, Ausweiskarten und Identitätspapiere zu fälschen, im übrigen aber waren es die zuverlässigsten Helfer, die uns in jeder Weise von morgens bis abends zur Seite standen und die dann auch versuchten, auf irgendeine Art die nötigen Papiere für uns zu besorgen.

Verstecke der Großstadt

Es ist klar, daß das dringlichste Problem und zugleich auch das schwerste für uns in dieser Zeit die Frage der Unterkunft war. Es ging dabei nicht nur um einen Schlafplatz, sondern im weiteren Sinne um einen Aufenthaltsort überhaupt, also auch am Tage und besonders im Winter. Nur wenige Menschen waren bereit, die große Gefahr auf sich zu nehmen, einen von uns nachts oder gar tagsüber in die Wohnung zu lassen. Für die jüngeren Mitglieder unserer Gruppe war es natürlich leichter, eine Bleibe zu finden, da Kinder von vornherein unverdächtiger waren. Hilfe für Juden war ja im Dritten Reich in jeder Form ein „Verbrechen" – um wieviel mehr erst die Beherbergung von Juden. Manche Helfer, bei denen ein untergetauchter Jude entdeckt wurde, waren als „Judenknechte" nicht nur geächtet, sondern oft ebenso festgenommen und eingesperrt worden wie die vesteckten Juden selbst.

Es konnte beispielsweise auffallen, wenn Personen, die nicht zu einer bestimmten Familie gehörten, abends in ein Haus kamen und es erst am Morgen wieder verließen. In den Berliner Häusern gab es überall einen Portier, der seine Wohnung meist neben oder unmittelbar hinter dem Hauseingang hatte, daher alle ein- und ausgehenden Menschen beobachten konnte und sehr häufig als Spitzel für die Nazis fungierte; manchmal waren dies die sogenannten „Blockwarte", in deren Händen auch die Verteilung von Lebensmittelkarten lag. – Um gar nicht erst auffällig zu werden, wechselten wir unsere Quartiere so oft wie möglich. Man mußte vermeiden, in zwei aufeinander folgenden Nächten das gleiche Nachtquartier zu benutzen. Wir pflegten uns daher einen bestimmten Zyklus einzurichten, so daß jedem Wochentag eine andere Quartierstelle zugeordnet war. Natürlich klappte das nicht immer, und oft war jeder auf sich allein gestellt. Wir konnten erst am späten Abend oder in vorgerückter Nachtstunde, wenn die meisten Menschen schlafen gegangen waren, uns leise in die betreffenden Wohnungen schleichen und mußten sie frühmorgens verlassen, bevor andere Hausbewohner aufstanden und uns wahrnehmen konnten. Oft kam es vor, daß Menschen, die uns an sich gerne mit einer Unterkunft helfen wollten, dies aus Furcht vor Nachbarn oder auch aus Rücksicht auf die eigene Familie nicht wagen mochten. So lehnte auch einer meiner ehemaligen Lehrer, Roland Sprague, der mir stets sehr gewogen blieb, die Quartiergabe ab mit der Begründung, daß er seiner Familie wegen ein solches Wagnis nicht auf sich nehmen könne. Diese Antwort war verständlich, aber auch enttäuschend. Mit dem Hinweis auf die Nachbarn lehnten Familien es auch ab, uns zu Tisch aufzunehmen. Sie gaben stattdessen lieber Konserven und Lebensmittel, die wir an der Tür entgegennahmen.

Eine weitere Schwierigkeit war, daß immer mit nächtlichen Bombenangriffen gerechnet werden mußte. Auch dies galt manchmal als Grund, uns abzuweisen. Wenn es in der Nacht Fliegeralarm gab, konnten wir die Wohnung ja nicht verlassen und den Luftschutzkeller aufsuchen, so daß die Gefahr eine doppelte war. Als die nächtlichen Bombenangriffe auf Berlin immer häufiger wurden, verloren auch viele unserer Helfer ihre Wohnung. Die Situation wurde von Tag zu Tag schlimmer. Immer häufiger verbrachten wir eine Nacht oder auch mehrere im Freien, was allerdings nur im Sommer möglich war.

Das waren Erfahrungen, die mir zu Beginn meines „Taucherlebens" noch erspart blieben. Ich hatte das Glück, in den ersten drei Wochen in der Familie Wolff zu leben, wo ich mich ganztägig aufhalten konnte und nur in dunkler Abendstunde ein Weilchen ins Freie ging, um etwas frische Luft zu bekommen. Danach konnte ich einige Zeit abwechselnd bei zwei Brüdern leben, die mit nicht-jüdischen Frauen verheiratet und selbst „Mischlinge" waren, Heinz und Konrad Wiener. Mit der Zeit fanden sich noch weitere Unterkunftsmöglichkeiten, wobei Ewo an manchen Tagen von morgens bis abends auf der Suche war, um neue Adressen zu ermitteln, denn nur teilweise konnte ich mich noch an frühere Bekannte wenden. Immer wieder mal konnte ich einige Tage und einmal sogar vierzehn Tage hintereinander bei Ewo bleiben, als ich an Grippe erkrankt war und von Ewos Mutter versorgt wurde.

Besonders wohl fühlte ich mich bei der Familie Fleischmann, entfernten Verwandten im Stadtteil Moabit, Essener Straße 23, die mich schon im November 1938 einige Tage versteckt hatten. Dieses Quartier schien vor der Polizei und deren Nachforschungen einigermaßen sicher zu sein, denn der Vater, Julius Fleischmann, war aus dem Ersten Weltkrieg als Schwerkriegsbeschädigter zurückgekommen und am ganzen Körper gelähmt. Er konnte nur noch den Kopf bewegen und wurde von seiner Frau Sophie aufopfernd gepflegt. Frau Fleischmann hatte außerdem noch zwei Kinder zu versorgen, wobei die ganze Familie Jahre hindurch lediglich von Unterstützungen und Zuwendungen der Wohlfahrt lebte. Die Familie lebte streng religiös. Jeden Morgen legte Frau Sophie ihrem Mann die Tefillin, die Gebetriemen, an. Die Fleischmanns waren liebevolle und wahrhaft fromme Menschen, denen Nächstenliebe und Gastfreundschaft über alles ging. Wer auch immer zu ihnen kam, nahm mit größter Selbstverständlichkeit an den Mahlzeiten teil und erhielt auch ein Nachtquartier. Meine Mutter pflegte Familie Fleischmann als Menschen „von jüdischem Adel“ zu bezeichnen.

Die Kriegsbeschädigten des Ersten Weltkriegs wurden anfangs von den Nazis noch geschont. Wir glaubten alle, daß ein Mann wie Julius Fleischmann von den Nazis nichts zu befürchten hatte. In der Tat war die Familie bei allen bisherigen Aktionen gegen Juden unbehelligt geblieben. Doch im Frühjahr 1943, an einem heiteren Märztag – ich war gerade in der Wohnung und hatte dort auch übernachtet – läutete es an der Wohnungstür. Ahnungsvoll gingen wir ans Fenster der Parterre-Wohnung und sahen auf der Straße einen Transportwagen. Frau Fleischmann sorgte dafür, daß ich über den nach hinten hinausführenden Balkon aus der Wohnung flüchten konnte, bevor sie den Beamten die Tür öffnete. Ich gelangte vom Hof aus ungesehen auf die Straße und versteckte mich in einem gegenüberliegenden Hauseingang. Tatsächlich wurde schon nach wenigen Minuten der Krankenstuhl mit Julius Fleischmann herausgetragen und auf den Transportwagen gehoben. Schweigend und ruhig folgte seine Frau und bestieg ebenfalls den Wagen. Es waren beide so vorbildlich jüdische Menschen, daß ihre Gelassenheit und ihr unbeirrbares Gottvertrauen bis zuletzt nicht erschüttert werden konnten. Beide kamen nach Theresienstadt und sind dort umgekommen. Während ihr Sohn Arno bereits zur Jugend-Alija nach

Schweden emigriert war, schloß sich die Tochter Eva unserer illegalen Gruppe an.

So war es auch in vielen anderen Fällen: Einige konnten sich retten, die anderen kamen um. Nie wußte man, wie „sicher“ das eigene Leben noch war. Bei meiner Tante Auguste Kohls wohnte zur Untermiete eine Frau namens Friskow. Diese Frau nannten wir „die Spanierin“, denn als Berliner Jüdin hatte sie vor langen Jahren einmal einen Spanier geheiratet, der ihr bald davongelaufen war, ihr jedoch einen ausländischen Paß hinterlassen hatte. Während Tante Guste deportiert wurde, blieb Frau Friskow als „Ausländerin“ verschont und konnte später sogar noch nach Barcelona ausreisen. Doch schwebte auch sie bis dahin in größter Angst und Sorge, da man ja nie wissen konnte, ob und wieweit solche Ausnahmesituationen wirklich gesichert waren. In der Befürchtung, daß auch sie von den Deutschen noch geholt werden könnte, hatte sie mich gebeten, auf ihrem Namensschild an der Wohnungstür spanische Fähnchen anzubringen. Mit ein paar Strichen und gewöhnlichen Tuschfarben habe ich ihr solche Fähnchen dann gemalt.

Frau Friskow hatte mir die Bekanntschaft einer russischen Fürstin vermittelt. Diese bemerkenswerte Dame war eine Emigrantin, Fürstin Irma von Swiatopolk-Mirsky, die mit ihrem Sohn Paul eine kleine Zweizimmerwohnung in der Düsseldorfer Straße 39 nahe dem Kurfürstendamm bewohnte. Ein zweiter Sohn war Chauffeur an der Japanischen Botschaft. Von diesem Sohn erhielt sie regelmäßig Diamanten und Kaffee, beides „schwarz“, denn auf dem gewöhnlichen Markt waren solche Waren längst nicht mehr erhältlich. Aus einer anderen dunklen Quelle bezog „die Fürstin“ (wie sie von mir kurzweg genannt wurde) wertvolle Pelze. Mit all diesen Waren betrieb sie durch Weiterverkauf ein blühendes Schwarzhandels-Geschäft. Außerdem wurden bei ihr in bestimmten Abständen spiritistische Abendsitzungen abgehalten. Da kamen dann alle möglichen „Exzellenzen“ zusammen, um „Väterchen Zar“ erscheinen zu lassen.

Die Fürstin hatte sich bereit erklärt, mich bei sich wohnen zu lassen, doch mußte ich als Gegenleistung bei ihr als Hausdiener arbeiten. So hatte ich dort etwa zwei Monate lang mein Quartier, mit gelegentlich notwendigen Unterbrechungen. Im übrigen war ich nun Hausdiener bei einer ziemlich exzentrischen Frau. Am Vormittag arbeitete ich in der Wohnung. Neben Aufräumen und Auskehren gehörte dazu auch das Geschirrwaschen, vor allem aber auch eine fürsorgliche Betreuung von Hunden. Am Nachmittag und an den Abenden hatte ich frei, durfte mich aber in der Wohnung aufhalten, außer wenn spiritistische Sitzungen stattfanden. Dann hatte ich als herrschaftlicher Diener die Exzellenzen zu empfangen, mußte aber danach verschwinden und durfte erst um 22 Uhr wiederkommen. Nach solchen Abenden empfing mich die Fürstin total erschöpft, sank auf ihren Diwan nieder und brachte mit letzter Kraft hervor: „Herr Hallermann“ (dies war zu jener Zeit mein Tarnname), „Herr Hallermann, der Zar hat zu uns gesprochen“, und weiter konnte sie dann nicht mehr.

Zu essen bekam ich bei ihr nur in Ausnahmefällen, zum Beispiel dann, wenn ich einen Weg oder bestimmte Besorgungen zu machen hatte. Wenn die Fürstin etwa zu mir sagte: „Herr Hallermann, heute können Sie sich Bratkartoffeln machen“, so bedeutete dies, daß ich nach Beendigung meiner Mahlzeit in eine weit entfernte Gegend zu laufen oder auch zu fahren hatte, um dort unter Wahrung größter Vorsicht beispielsweise einen Pelz oder eine größere Sendung Kaffee abzuliefern. – Für die Fürstin war die Unterbringung eines illegalen Menschen ein wohlbedachtes Geschäft.

Ihr Schwarzhandel und die zwölf Hunde wurden mir beinahe zum Verhängnis. Die Fürstin hatte mich wiederholt gebeten, ihr für den Absatz ihrer Schwarzmarktwaren einen Wiederverkäufer zu verschaffen und mir dafür auch eine Vergütung angeboten. Es ergab sich, daß ich ihr einen solchen Mann besorgen konnte, es war der ehemalige Hauswart der Familie Fleischmann, auf den Eva mich hingewiesen hatte. Ich brachte ihn also zur Fürstin; er bekam von ihr Diamanten und Kaffee, verkaufte diese Waren sehr bald und brachte den Erlös zurück. Das wiederholte sich nach einigen Tagen. Beim dritten Mal kam der Mann zur verabredeten Stunde nicht zurück und auch am nächsten Tag nicht. Die Fürstin war sehr nervös und verdächtigte mich sofort. Ihrer Auffassung nach steckte ich mit dem Mann unter einer Decke und hatte, wie sie glaubte, mit ihm ein gemeinsames Geschäft gemacht. Kurzentschlossen führte ich sie am nächsten Abend zu den Hauswartsleuten der Fleischmannschen

Wohnung, zusammen mit Eva. Als eine Frau die Tür öffnete und uns mit der Fürstin erblickte, fuhr sie erschrocken zusammen, faßte sich aber schnell und erzählte: Ihr Mann sei vorgestern mit dem Koffer, voll mit Kaffee und den zum Weiterverkauf bestimmten Diamanten, in die Straßenbahn gestiegen, habe während der Fahrt plötzlich einen ihm bekannten Gestapo-Mann auf sich zukommen sehen und sei kurzerhand von der Bahn abgesprungen, so daß er den Koffer fahren lassen mußte. Er liege noch jetzt mit einem Nervenschock im Bett. Die Fürstin wollte sich natürlich mit dieser Erklärung nicht zufrieden geben; sie schrie, sie zeterte und drohte sogar zur Polizei zu gehen, was sie natürlich in Wirklichkeit niemals hätte wagen können. So zogen wir schließlich wieder ab, es blieb uns nichts anderes übrig. Doch war die Fürstin noch keineswegs beruhigt, sie glaubte immer noch, daß ich über den Verbleib der Sachen Genaueres wüßte.

Schon mehr als einmal hatte ich erwogen, das denkbar ungemütliche und fragwürdige Quartier bei der russischen Fürstin zu verlassen oder einfach nicht mehr wiederzukommen. Aber ihr Verdacht hätte sich dann verstärkt; hinzu kam, daß für einen untergetauchten Juden ein schlechtes oder mit Schwierigkeiten verbundenes Quartier immer noch besser war als gar keines. Man durfte nicht wählerisch sein, sondern mußte lernen, sich mit mancherlei Übeln der illegalen Situation abzufinden. Schließlich waren es die Hunde, die mich erlösten. Einige Tage nach dem Vorfall mit dem Koffer schickte ich die Hunde beim Aufräumen aus dem Zimmer, da sie es immer wieder schmutzig machten. Die Fürstin war darüber sehr verärgert, schreiend stürzte sie herein und fuhr mich an: „Herr Hallermann, was tun Sie meinen Hunden an? Ich werde Sie sofort bei der Gestapo anzeigen!" Sie rannte zum Telefon. Ich kam gerade noch zurecht, ihr den Hörer aus der Hand zu winden – und verließ dieses Haus nun endgültig. Jahre später, als ich längst nicht mehr in Deutschland war, entnahm ich einer Zeitung, welches Schicksal der Fürstin widerfahren war. Es war eine Notiz mit der Mitteilung, daß ein SA-Mann in Berlin gerichtlich zum Tode verurteilt wurde, weil er noch kurz vor Kriegsende im April 1945 die Fürstin Swiatopolk-Mirsky und deren Sohn Paul als „Volksverräter" vor ihrem Hause erschossen hatte.

Im allgemeinen war es nicht üblich, daß von uns eine Gegenleistung für die Hilfe verlangt wurde. Es kam jedoch vor, daß die Quartierleute sich für jede Nacht einen Beitrag zahlen ließen. Wurde aber eine Übernachtungsmöglichkeit aus christlicher Nächstenliebe, aus Hilfsbereitschaft und Menschlichkeit für uns bereitgestellt, so bemühten wir uns natürlich, mit kleineren Arbeiten unseren Helfern gefällig zu sein. Es gab sogar Menschen, die uns nicht nur unentgeltlich Quartier gaben, sondern uns darüber hinaus für jede geleistete Arbeit noch angemessen bezahlten. Ich denke hier in erster Linie an Frau Hedwig Goering, die in der Osnabrücker Straße an der Jungfernheide ein Lebensmittelgeschäft unterhielt, ein Reformhaus.

Durch Zufallsbekannte hatten wir diese tüchtige und gute Frau kennengelernt, und schon bei meinem ersten Besuch erklärte sie, daß sie als Nachtquartier gern ein kleines, hinter ihrem Laden befindliches Zimmer zur Verfügung stelle. Auf meine Frage, ob es möglich sei, für ihr Geschäft Botengänge zu verrichten, um damit ihr freundliches Angebot auszugleichen, bejahte sie, unter der Bedingung, daß wir dann entsprechende Bezahlung annähmen, nämlich für jeden Gang so viel, wie sie auch für einen gewöhnlichen Boten zu bezahlen gewohnt sei. Als ich ablehnen wollte, entgegnete sie: „Herr Hallermann, entweder lassen Sie sich bezahlen, oder Sie arbeiten nicht bei mir. Das Quartier können Sie trotzdem haben. Ich möchte nämlich", so setzte sie fort, „ein klein wenig von dem gutmachen, was unser Volk an Euch verbrochen hat!" So gingen wir auf die Bezahlung ein und hatten im Laden von Frau Goering längere Zeit hindurch Betätigung und Nachtquartier. Bis sie uns eines Tages sagen mußte, daß sie für uns alle zu fürchten hätte, nachdem ein ihr auffallend vorkommender Mann mehrmals erst im Geschäft erschienen und danach draußen vor der Ladentür noch auf und ab gegangen sei. So mußten wir dieses Quartier, wo wir zu allem Guten auch keine Sorgen wegen des Essens zu haben brauchten, schweren Herzens aufgeben.

Alfred Bernstein fand ähnlich wie ich ein Nachtquartier und eine Arbeitsstelle zugleich. Er war mit seinen vierzehn Jahren bereits handwerklich tätig gewesen und bekam Arbeit in einer kleinen Werkstatt, wo er mit Einverständnis des Inhabers auch übernachten durfte. Der Besitzer war in die Lage des Jungen eingeweiht und hatte, weil ihm dies für die Sicherheit zweckmäßiger erschien, auch seinen Vorarbeiter über die Situation aufgeklärt. Eine ganze Weile ging alles gut. Alfred hatte seine Arbeit, sein Auskommen und sein Nachtquartier. Eines Tages aber hatte der Vorarbeiter Streit mit seinem Chef, so daß er wütend zur Polizei ging, um anzuzeigen, daß in der Werkstatt ein jüdischer Junge beschäftigt war. Alfred und sein Chef wurden umgehend verhaftet, Alfred wurde deportiert. Seine kleine Schwester, Lottchen, blieb als einzige aus der Familie am Leben.

Neben den „festen" Quartieren, die uns im Rahmen der gegebenen Möglichkeiten jederzeit zur Verfügung standen, gab es Orte, an denen wir uns nur gelegentlich aufhalten konnten. Das Logis von Julius Gladenbeck im Zentrum von Berlin zum Beispiel, in der Jägerstraße. Julius Gladenbeck war ein schlichter, sympathischer Mann, ehemals ein kleiner Beamter im Unterrichtsministerium, und wohnte mit seiner alten Mutter zusammen. Beide waren sehr religiös, und das Helfen war ihnen ein inneres Bedürfnis. Ich war nicht oft bei ihnen, denn die Lage der Wohnung in einer sehr belebten Gegend war doch etwas unsicher. Aber wenn die beiden mich aufnahmen, waren sie rührend gut zu mir. Sie machten mich mit einem Freund bekannt, der ein Wochenendhaus in Werder hatte, noch hinter Potsdam. Auch dort, bei Herrn Kühne, fühlte ich mich geborgen. Herr Kühne fürchtete jedoch, daß er beobachtet werden könnte und wollte nicht, daß ich allzu häufig bei ihm auftauchte. Er erklärte sich aber bereit, einen Koffer mit meinen Sachen aufzubewahren, den ich später allerdings nicht mehr wiederbekam. Er wurde wohl gestohlen.

Als ich im Spätherst 1943 das letzte Mal bei Herrn Gladenbeck war, klingelte in der Nacht wiederholt das Telefon. Am anderen Ende war jedoch nichts zu hören, niemand sprach. Wir waren alle sehr nervös, und ich hatte von da an nicht mehr den Mut, dieses Quartier weiter aufzusuchen.

In der ersten Zeit der Illegalität konnten wir uns auch in den Wohnungen von „Mischlingen" oder „Mischehen" einigermaßen sicher fühlen, wie etwa bei Ewo oder bei den Brüdern Wiener. Auch in unserer Gruppe gab es Chawerim, die aus einer jüdisch-christlichen

Ehe stammten und anfangs noch legal lebten. Ihre Eltern waren natürlich gern bereit, uns mit dem Nötigsten zu helfen. Auch Zusammenkünfte unserer Gruppe, von denen ich noch erzählen werde, konnten hier stattfinden. Oft traf sich unsere Gruppe zu Sitzungen und Feierstunden in der Prenzlauer Straße 12, im Haus der Familie Beck mit ihren beiden Kindern Gad und Miriam. Ihre Freundlichkeit hat uns oft an die Familie Lewin erinnert, die im Sommer 1942 mit allen fünf Kindern deportiert worden war. Becks hatten eine Deportation noch nicht zu befürchten. Auch bei Familie Bernstein in der Bergstraße 5 konnten wir uns anfangs noch treffen. In beiden Familien waren die Mütter Christinnen. Die Eltern unseres Chawer Ruwen hatten in ihrer kleinen Wohnung zwar nur sehr wenig Platz, sie bereiteten uns aber immer, wenn es nötig war, einen Schlafplatz auf dem Boden, eine Matratze mit ein paar Decken darauf. So manche karge, aber freundliche Mahlzeit konnten wir dort einnehmen.

Im Laufe der Zeit fielen Aufenthalte, Mahlzeiten und Übernachtungen bei „Mischlings"-Familien mehr und mehr aus. Wir mußten bedenken, daß die Gestapo natürlich gerade dort untergetauchte Juden vermuten konnte, denn die jüdischen Ehepartner hatten häufig noch Beziehungen zu jüdischen Kreisen. Die Gestapo stellte daher in diesen Familien immer häufiger Nachforschungen an. So eines Tages auch in der Familie Bernstein. Ich war auf dem Weg zur Bergstraße und ärgerte mich, als mir am Stadtbahnhof Friedrichstraße der Zug zum Stettiner Bahnhof vor der Nase weggefahren war. Ich nahm den nächsten Zug. Als ich an der vertrauten Tür der Bernsteinschen Wohnung läutete, kamen mir Ruwen und seine Mutter kreidebleich entgegen. Ruwen hielt eine Karte mit einer Telefonnummer in der Hand. Im Flüsterton teilten mir beide mit, erst vor wenigen Minuten sei die Gestapo dagewesen und habe der Familie auf den Kopf zugesagt, daß sie einen Juden beherberge. Sie haben der Mutter dann die Telefonnummer der Gestapo-Leitstelle in der Burgstraße ausgehändigt, mit der strikten Weisung, sofort anzurufen, wenn ich käme. Frau Bernstein riet mir, das Haus sofort zu verlassen, während Ruwen es für besser hielt, daß ich mich in der Wohnung versteckte. Er ging davon aus, daß die Gestapo noch im Haus sei und jeden Augenblick wiederkommen könne. Es sei ein

Wunder, sagte er, daß ich den Männern nicht auf der Treppe begegnet war. Ich entschied mich zu fliehen und gelangte vorsichtig auf die offene Straße; niemand war zu sehen. Mir wurde klar: Wäre mir der S-Bahnzug nicht davongefahren, so wäre ich der Gestapo direkt in die Arme gelaufen.

Auch dieses Quartier kam jetzt nicht mehr in Frage, und so ging es weiter: Eines nach dem anderen fiel aus. Ständig mußten wir nach anderen Orten Ausschau halten.

Ewo hatte bei ihren unentwegten Bemühungen, neue Quartiere für uns zu besorgen, durch die Vermittlung von Jenny Gerlich, einer langjährigen Hausangestellten der Familie Wolff, in Berlin-Friedenau die Adresse einer Frau Lange in der Taunusstraße 29 ausfindig gemacht. Diese einfache Frau, eine ehemalige Waschfrau, deren Sohn im Krieg war, hatte sich einverstanden erklärt, nächteweise einen von uns gegen ein geringes Entgelt bei sich aufzunehmen. Die Schlafkammer ihres Sohnes stand frei und blieb für uns reserviert. Das Quartier wurde über Wochen und Monate von uns genutzt, immer abwechselnd entsprechend unserem Zyklus. Ungünstigerweise lag es in einem Hinterhaus, so daß man erst durch den Hauseingang und dann über einen Hof gehen mußte. Wir waren uns klar darüber, daß es nicht ungefährlich war, denn man wurde von den Hausbewohnern häufig gesehen, und es war im Notfall schwierig, schnell die Straße zu erreichen. Die stille Lage war andererseits beruhigend. Wir benutzten dieses Quartier sogar noch nach der Verhaftung von Ewo im Juni 1943. Das war ein großer Fehler, der Poldi zum Verhängnis wurde.

Mit dem Ausfall von Aufenthaltsorten und Schlafmöglichkeiten wurde das Durchkommen immer schwieriger. Es war beklemmend, wenn der Abend kam und man nicht wußte, wo man übernachten sollte. Wir versuchten zwar immer noch, an diese oder jene Tür zu pochen, um vielleicht doch noch einmal Aufnahme zu finden. Wegen der zunehmenden Gefahr auch für unsere Wirtsleute hatten wir aber oft nicht mehr den Mut, sie in Verlegenheit zu bringen. Manchmal wiederum hatte man im letzten Augenblick unerwartetes Glück. Sei es, daß es doch irgendwo klappte, aus Decken und Stühlen eine Schlafgelegenheit zu bauen, sei es, daß man die Nacht einfach auf einem Fußboden verbringen oder zum Schlafen einen Dachboden ausfindig machen konnte. Letzteres war für die, die davon wußten, verhältnismäßig ungefährlich. Denn für den Fall, daß man als Schläfer auf dem Dachboden entdeckt wurde, konnte man immer behaupten, ohne Wissen der Hausbewohner dort eingedrungen zu sein. Die Türen zu den Dachgeschossen waren meist nicht fest geschlossen, oft waren nicht einmal Türen vorhanden.

Viele Nächte waren aber auch „Straßennächte“. Wenn bis zum späten Abend absolut keine Unterkunft mehr zu finden war, mußte ein „Nachtprogramm“ entworfen werden. Auch dafür gab es verschiedene Möglichkeiten. Das wichtigste war immer, nicht aufzufallen. Im Sommer war es natürlich einfacher, eine ganze Nacht im Freien zu verbringen. Im Winter aber mußten wir uns gegen Schnee, Frost und eisigen Wind schützen.

Unendlich lang ist die Nacht, wenn man einsam durch die ausgestorbenen Straßen geht und nichts anderes tun kann als den Ablauf der Zeit nach den Glockenschlägen der Kirchturmuhren zu messen. Die schwersten Stunden waren die von 1 Uhr morgens bis gegen 5 Uhr, denn in dieser Zeit ruhten die meisten Verkehrsmittel. Die letzten Züge fuhren bis etwa halb eins, und kurz nach 5 Uhr fuhren wieder die ersten Straßenbahnen, die S- und U-Bahnen. Zu unserem Glück unterhielt die Berliner Straßenbahn auch einige Nachtlinien, die in Abständen von je einer Stunde die ganze Nacht hindurch von einem Ende der Stadt zum anderen fuhren. Da während des Krieges in den Munitionsfabriken und anderen kriegswichtigen Betrieben in drei Schichten gearbeitet wurde, mußten viele Fabrikarbeiter auch in den Nachtstunden befördert werden. Das war für uns günstig, denn wir fielen unter den Arbeitern nicht auf. Dies galt aber nur für bestimmte Stadtteile. Am Tag schon, besonders aber bei unseren nächtlichen Fahrten waren genaue Lokalkenntnisse lebensnotwendig. Es kam uns oft zugute, daß wir durch unsere pfadfinderische Schulung diese Voraussetzung mitbrachten.

Das übliche Programm einer Straßennacht sah folgendermaßen aus: Bis nach Mitternacht fuhr ich – wir trennten uns meist – in verschiedenen Linien der Untergrundbahn oder auch in den Zügen der Stadtbahn hin und her. Dann ging ich zur Endstation einer Nachtlinie und fuhr etwa anderthalb Stunden von Norden nach Süden, von Ost nach West. Selbstverständlich konnte ich dann nicht einfach mit derselben Bahn wieder zurückfahren, sondern trat einen längeren Fußmarsch an, um die Endstation einer anderen Nachtlinie zu erreichen. Von hier aus ging es wieder anderthalb Stunden von einem Ende der Stadt zum anderen. Inzwischen kam der Morgen, und ich konnte mich, übernächtigt und durchfroren, irgendwo aufwärmen. Wenn die Kaffeehäuser geöffnet hatten, konnte ich schon bald eine Tasse heißen Kaffee-Ersatz bekommen. Meine Aktentasche und ein Stück Brot darin hatte ich immer bei mir – so, wie die Arbeiter ihr Nachtbrot bei sich trugen.

Es war ein seltsames Gefühl: Jahrelang hatten wir uns als Juden in der Stadt nicht bewegen dürfen. Jetzt, in der Illegalität, konnten wir die Verkehrsmittel benutzen, konnten in Restaurants und Cafès einkehren, das Getriebe der Großstadt erleben. Das war bei aller Angst und Sorge auch aufregend. Berlin war offiziell „judenrein", und die Kriegswirren taten ein übriges dazu, daß wir an vielen Tagen ganz gut durchkamen.

Wartesäle und Bahnhofsräume kamen als nächtliche Aufenthaltsorte nicht in Betracht, denn es war zu unsicher und zu auffällig, dort längere Zeit zu bleiben. An den Verkehrsknotenpunkten der Eisenbahn war die Polizei konzentriert. Oft wurden Razzien und Polizeikontrollen gemacht. Sie galten zwar weniger uns Juden, sondern vor allem desertierten Soldaten und Fremdarbeitern. Die deutschen Truppen hatten ja aus den besetzten Gebieten, aus allen Richtungen Europas, viele Menschen als Arbeitssklaven nach Deutschland gebracht, vor allem in die Industriegebiete; es kam oft vor, daß diese Fremdarbeiter sich dem Frondienst für die Deutschen entziehen wollten. Daneben suchte die Polizei natürlich auch „Straffällige" anderer Art. Für uns konnten diese Kontrollen höchst gefährlich werden, und so hielten wir uns in den Bahnhofshallen nach Möglichkeit nie länger als eine Viertelstunde auf. Besser war es, immer „unterwegs" zu sein.

Auch in städtischen Parks oder Waldanlagen gab es Razzien. Wenn es warm war, konnten wir uns aber in die Wälder außerhalb Berlins zurückziehen: in den Grunewald oder in den Tegeler Forst. Durch die zunehmenden Bombardements waren immer mehr Berliner vorübergehend obdachlos, und häufig übernachteten sie im Freien, bevor sie eine Notunterkunft zugewiesen bekamen. Die

Möglichkeit, uns unter diese Menschen zu mischen und uns wie sie um ein „Notquartier" zu bemühen, haben wir mehrmals erwogen, aber nie ausprobiert. Wir hätten uns ja nur mit falschen Papieren ausweisen können oder angeben müssen, daß unsere Ausweise bei der Flucht verlorengegangen seien, was nicht ungewöhnlich war. Weiteren Nachfragen oder Nachprüfungen hätten wir aber nicht standhalten können, und so erschien uns das zu riskant.

Ein absonderlicher, aber eigentlich naheliegender und vor allem ungefährlicher Ausweg war es, sich bei der Staatsoper Unter den Linden um Karten anzustellen. Das kam allerdings nur in den Nächten von Sonnabend auf Sonntag in Frage: Am Sonntagmorgen wurden Karten für die Vorstellungen der folgenden Woche verkauft. Die Theaterkassen öffneten um 8 Uhr, aber das Bedürfnis vieler Menschen, sich trotz des Krieges im Theater zu entspannen, war so groß, daß sich in der Nacht vor den Kassen lange Menschenschlangen bildeten. Bereits am Vorabend gegen 11 Uhr kamen die ersten, und im Laufe der Nacht stieg ihre Zahl auf einige Hundert. Viele brachten sich einen Schemel mit, auch Decken und Kissen konnte man sehen. Inmitten dieser Schar von Menschen, die um der Kunst willen die Nacht vor der Oper verbrachten, obwohl sie doch zu Hause noch ein warmes Bett haben mochten, fühlte ich mich sicher und geborgen. Eine Razzia ist hier niemals vorgekommen. Die Idee, daß „unerlaubte Elemente" sich in Not und Verfolgung noch für Opernkarten interessieren könnten, ist der Polizei wohl nie gekommen. So wartete ich mit den anderen bis zum Morgen, nach Kassenöffnung kam man bald an die Reihe. Aus dem glücklichen Gefühl heraus, auch diese Nacht wieder überstanden zu haben, kaufte ich, wenn unser Geld reichte, manchmal Eintrittskarten für die ganze Gruppe. Ewo erzählt mir noch heute, sie habe nie wieder so viele Opern kennengelernt und genossen, wie damals, zur Zeit unserer „Straßennächte".

Mit falschem Paß und fremdem Namen

Zur Sicherung unseres Daseins war der Besitz eines Ausweises das Allerwichtigste. Amtliche und polizeiliche Kontrollen waren etwas so Alltägliches geworden, daß man jederzeit damit rechnen mußte – auf der Straße, in der Straßenbahn, in den Häusern, im Park. Wir waren stets auf der Hut, nicht einer Razzia in die Arme zu laufen, denn dann wurden in einem bestimmten Umkreis alle Passanten angehalten und nach ihren Papieren befragt. Nur wer sich glaubwürdig ausweisen konnte, galt als unverdächtig und durfte weitergehen. Selbstverständlich war es immer besser, wenn wir von unseren falschen Papieren keinen Gebrauch machen mußten. Es gab jedoch ein Gefühl der Sicherheit, wenn man sie in der Tasche trug, und sie haben uns in manchen Fällen wahrscheinlich das Leben gerettet.

Zwei Arten von Papieren brauchte man: einen Personalausweis und einen Arbeitsausweis. Eine Arbeitsbescheinigung war relativ leicht zu besorgen. Ewo gelang es beispielsweise, von der chemischen Fabrik „Temmler-Werke A. G. – Berlin Johannisthal" eine größere Anzahl von Firmenbriefbögen zu entwenden, die wir dann mit Schreibmaschine bei einem Helfer ausfüllten und mit zwei Unterschriften versahen. Natürlich mußten die eingetragenen Namen und Daten mit unseren falschen Personalausweisen übereinstimmen, und jede Rückfrage bei der Firma Temmler hätte den Inhaber einer solchen „Arbeitsbescheinigung" bloßgestellt. Dennoch hat mir diese Bescheinigung einige Male sehr geholfen.

Es war ein trüber Morgen, wohl im September 1943. Ich hatte eine unerfreuliche Straßennacht hinter mir und ging um 6 Uhr früh in den Wartesaal am Lehrter Bahnhof, um dort eine Tasse Kaffee zu trinken. Gerade hatte ich die Zeitung aufgeschlagen, als mir jemand energisch auf die Schulter klopfte: „Ihre Papiere!" Mit einem for-

TEMMLER-WERKE

VEREINIGTE CHEMISCHE FABRIKEN

BERLIN-JOHANNISTHAL

WISSENSCHAFTLICHE ABTEILUNG — DEN 26.8.42

Rz/II

B e s c h e i n i g u n g .

Herr Ernst H a l l e r m a n n ,

geb. 4.4.1911 zu Brüssel,

wohnhaft Berlin SW 68, Fürstenstr.2

ist bei uns tätig.

TEMMLER-WERKE
(Personalbüro der
Wissenschaftl.Abt.)

Dr. Wolf — (Dr.Wolf)   (Büger)

Selbst ausgestellte Arbeitsbescheinigung auf einem entwendeten Firmenbogen.

schen „Heil Hitler" sprang ich auf und gab dem Beamten – er war in Zivil – meinen gefälschten Paß. Er prüfte Paß und Foto ziemlich eingehend, sah mich immer wieder an und fragte dann: „Wo arbeiten Sie?" Ich überreichte ihm die Bescheinigung der Fabrik Temmler. Er las sie durch und wies mich zurecht: „Wissen Sie nicht, daß der Aufenthalt im Bahnhofssaal nur für Reisende mit Fahrkarten gestattet ist?" Zum Glück hatte ich eine Ausrede bereit: „Ich bin auf dem Weg nach Johannisthal. Mein Wecker hat zu früh geläutet, und ich wollte hier noch eine Tasse Kaffee trinken." – „Lassen Sie das in Zukunft bleiben!" sagte der Beamte barsch und ging zum nächsten Tisch. Ich atmete auf und bezwang mich, noch etwas sitzen zu bleiben, denn auf keinen Fall durfte ich jetzt hastig den Saal verlassen. So mußte ich mit ansehen, wie der Beamte einen unglücklichen Menschen, der ganz in meiner Nähe gesessen hatte, abführte.

Ungleich schwieriger als die Beschaffung von Arbeitspapieren war es, einen gültigen Personalausweis zu bekommen. Die jüngeren Chawerim hatten zum Teil noch Arbeitsausweise von Siemens oder anderen Firmen mit einem Lichtbild darin. Sie gingen zunächst als Ersatz für einen Personalausweis durch. Ich hatte noch einen alten Postausweis mit Lichtbild. Auch Monatskarten der Eisenbahn oder Straßenbahn taten eine Zeit ihre Wirkung. Irgendwann reichten sie jedoch nicht mehr aus. Als ideal galt es nun, in den Besitz eines Reisepasses zu gelangen. Dazu brauchte man eine vertrauenswürdige Quelle, einen Menschen, der das Papier „umarbeiten" konnte, und Geld.

Nicht jeder hatte so viel Glück wie meine ehemalige Kollegin Hilde Laubhardt-Rosenthal. Noch aus der Zeit vor 1933 kannte sie einen Polizisten, der es auf einem Berliner Revier zu einem höheren Posten gebracht hatte. Da er kein Nazi wurde, blieb er mit Hilde weiter befreundet und half ihr und ihrem Mann, unterzutauchen. Er stellte für beide einen „echten" neuen Paß mit Lichtbild und allen behördlichen Stempeln aus, nur daß er falsche Namen eintrug. Leider hat dieser prachtvolle Paß Hilde das Leben nicht retten können. Sie zog mit ihrem Mann an den Rhein und lebte dort im Untergrund. Auf ihre Bitte erhielt sie von Ewo Lebensmittelkarten, die auf dem schwarzen Markt gekauft waren, und die Ewo ihr monatlich zuschickte. Beide hatten dabei nicht bedacht, daß es auffallen könnte, wenn Hilde monatelang mit Lebensmittelkarten einkaufte, die die Aufschrift „Ernährungsamt Berlin“ trugen. Eines Tages wurde Hilde in Mannheim mit diesen Karten geschnappt und nach Berlin zurückgebracht. Sie wurde verhört und gab den Absender der Lebensmittelkarten preis – was dann zur Belastung von Ewo führte. Wer die Foltermethoden der Gestapo kennt, wird Hilde nicht verurteilen. Hilde wurde nach Auschwitz deportiert.

Es gelang mir schließlich, für 50 Mark den Reisepaß eines „Halbariers“ namens Ernst Hallermann zu bekommen, der mit Ewo befreundet war. Sie kannten sich aus dem „Bund der nicht-arischen Christen“, und Hallermann wurde unserer Gruppe, vor allem in technischen Dingen, ein wertvoller Helfer. Er gab mir seinen abgelaufenen Reisepaß, den er als verloren gemeldet hatte; ich versprach ihm, im Falle einer Entdeckung zu sagen, daß ich den Paß gefunden hätte.

Ernst Hallermann war in meinem Alter, und seine Personenbeschreibung paßte recht gut zu mir. Nun mußte noch mein Bild in das Papier hineingebracht werden. Mit dieser schwierigen Arbeit half uns ein junger Grafiker. Er war Jude, lebte aber bereits illegal und hatte sich als „Mischling“ getarnt. Er saß oft tage- und nächtelang bei Ewo im Haus, um unsere Fotos in die benötigten Ausweispapiere hineinzumontieren. Er machte seine Arbeit ganz vortrefflich.

Die Hauptschwierigkeit lag darin, die in deutschen Pässen verwendeten zwei Ösen, mit denen das Foto befestigt war, behutsam zu lösen und nach Einfügen des neuen Paßbildes diese alten oder andere, ähnliche Ösen wieder einzuheften. Schwierig war es auch, diejenige Hälfte des amtlichen Stempels, die auf dem Foto von Hallermann abgedruckt war, auf meinem Bild mit genau der gleichen Farbe und den gleichen Buchstabentypen wieder herzustellen. Alle Linien mußten genauestens kopiert werden, einschließlich des deutschen Reichsadlers in der Mitte des Stempels. Die neugezeichnete Stempelhälfte mußte genau zu der auf dem Papier passen. Die Linien wurden in Präzisionsarbeit miteinander verbunden, so daß auch an der Kreisrundung des Stempels keinerlei Unebenheiten zu erkennen waren.

Wie geschickt der Grafiker gearbeitet hatte, bewies der Vorfall am

Lehrter Bahnhof, wo der Beamte immer wieder mein Paßbild betrachtete, es prüfend mit mir verglich – aber die Montage nicht bemerkte. Als ich dem Grafiker viele Jahre später zufällig begegnete, hat er mich sofort erkannt. So genau hatte er sich bei der Arbeit an meinem Paß das Foto eingeprägt.

Selbstverständlich waren alle, die untertauchten, von diesem Tage an „gestorben". Wir durften uns nicht mehr mit unseren wirklichen Namen nennen und wurden mit neuem Namen gleichsam „wiedergeboren". Zuerst hieß ich „Heinz Joachim", wobei Heinz mein ursprünglicher Rufname war; Joachim, früher mein zweiter Vorname, galt nun als Familienname. Als ich dann den Ausweis von Ernst Hallermann besaß, führte ich beide Namen gleichzeitig. Bei einem Teil meiner Bekannten blieb ich der „Herr Joachim", während ich bei denen, die ich erst während der Illegalität kennenlernte, als „Herr Hallermann" auftrat. Es war nur von Vorteil, unter verschiedenen Namen bekannt zu sein, das erschwerte der Polizei die Arbeit, falls sie nach mir suchte. Man mußte nur gut im Kopf behalten, wie man sich wo zu nennen hatte.

Eine äußerliche Tarnung durch Verkleidung und Veränderungen des Gesichts war vom ersten Tag an nötig. Frühere Bekannte, die nicht eingeweiht waren, durften mich bei einer zufälligen Begegnung nicht wiedererkennen. Am Anfang wagte ich es ohnehin nicht, tagsüber auf die Straße zu gehen; abends war ich durch die Kriegsverdunkelung geschützt. Immerhin war ich als Lehrer bei vielen Schülern, Eltern und Kollegen bekannt. Die eigentliche Gefahr drohte jedoch von anderer Seite: von jüdischen oder halbjüdischen Menschen, die für die Gestapo, zum Teil unter Zwang, untergetauchte Juden ermittelten. Hinzu kamen all diejenigen, die aus Überzeugung oder um ihres Vorteils willen unsereinem nachspürten, denen es Geld oder Vergnügen einbrachte, wenn sie einen solchen „Fund" entdecken und anzeigen konnten.

Die Veränderung meines Gesichts dauerte einige Zeit. Ich ließ mir einen Schnurrbart wachsen und legte mir anstelle der bisherigen dunklen Brille ein helles, leichteres Gestell zu, denn ein schwarzhaariger, dunkeläugiger Mensch mit Hornbrille galt den Deutschen damals als Jude schlechthin. Sobald der Schnurrbart eine respektable Größe erreicht hatte, ließ ich mich mit dieser neuen Brille für

Als „Arier Heinz Joachim".
Paßfoto für den gefälschten Ausweis. 15. 9. 1942.

Ein „ordentlicher Deutscher" mußte eine Krawatte tragen.

Aufnahme vom 18. 11. 1943.

Ausweis und Paß fotografieren. Meine verräterischen schwarzen Haare ließ ich mir rundherum ganz kurz schneiden und achtete darauf, auf der Straße immer eine Kopfbedeckung zu tragen, damit man nichts sah. Ich beschaffte mir auch eine Krawatte; niemals zuvor hatte ich eine Krawatte getragen und besitze auch heute noch keine. Die bündische Erziehung hatte von uns verlangt, daß wir mit offenem Kragen, dem sogenannten „Schillerkragen" gingen. Das war schon in der Wandervogelbewegung so üblich gewesen als Protest gegen die bürgerliche Gesellschaft. Die Mädchen in den Jugendbünden trugen statt Kleidern Blusen und Röcke.

Nun aber mußte ich eine Krawatte tragen und war auch sonst, als „guter deutscher Staatsbürger", sorgsam gekleidet. Das war absurd mitten im Krieg, aufwendig und teuer, aber es verringerte die Gefahr, entdeckt zu werden. Es bleibt für mich ein Wunder, daß ich niemals angerempelt oder besonders kontrolliert worden bin. Daran zeigt sich, wie wenig das „Suchbild" vom „typischen Juden" in der Wirklichkeit ausrichten konnte: Es gab einfach zu viele, die dem Ideal des „arischen Menschen" nicht entsprachen, darunter auch zahlreiche „Fremdarbeiter". Unter ihnen habe ich mich recht sicher gefühlt.

Zur Tarnung in der Öffentlichkeit gab es noch weitere Möglichkeiten. Man konnte dort, wo es zweckmäßig erschien, mit einer Nazi-Zeitung in der Hand oder in der Tasche herumgehen, man konnte auch ein Nazi-Parteiabzeichen oder irgendein deutschnationales Emblem an den Kragen heften; sie waren nicht allzu schwer zu bekommen. Wo es nötig schien, mußten wir uns auch überwinden, die Umwelt mit dem Hitlergruß zu täuschen. Auch „schneidiges Auftreten" wie stramme Grußhaltung, das Tragen einer Uniform und soldatische Verhaltensweisen machten auf die meisten Deutschen Eindruck.

Ich brauche sicher nicht zu betonen, wie schwer es uns fiel, Symbole, Insignien und Ausdrucksformen unserer Verfolger und Mörder zu übernehmen – aber es ging auf Leben und Tod: Die Heimat war Feindesland geworden, und es galt, sich zu tarnen, wenn man überleben wollte. Wir haben daher schnell gelernt, solche Hemmungen zu überwinden, und haben hinterher oft darüber gelacht, wie wir mit äußeren Mitteln unsere Häscher täuschen konnten.

Das tägliche Brot

Quartiere, falsche Papiere, gelungene Tarnung – all dies reichte nicht aus, um im Untergrund zu überleben. Wir mußten zu essen haben oder das nötige Geld, um Nahrungsmittel zu kaufen. Die beste und einfachste Lösung war eine Einladung zum Essen. In unserem Helferkreis gab es eine ganze Reihe von Menschen, die uns damit am ehesten helfen konnten und immer wieder einen oder auch mehrere zu einer warmen Mahlzeit einluden. Schön war es, an einem Familientisch zu sitzen; beim Abschied bekamen wir gewöhnlich noch ein Lebensmittelpaket in die Hand gedrückt, das wir redlich untereinander aufteilten. Wo ein Nachtquartier bestand, fiel des öfteren auch noch ein Abendimbiß oder eine Morgenmahlzeit für uns ab, besonders natürlich bei den Menschen, die uns mit allen ihren Möglichkeiten unterstützten.

Bis zum Februar 1943 konnte ich gelegentlich auch bei Verwandten noch eine Mahlzeit einnehmen. Der Aufenthalt in einer jüdischen Wohnung, die ja inzwischen mit einem Judenstern gekennzeichnet sein mußte, war natürlich für uns besonders gefährlich, denn „Arier" durften jüdische Wohnungen ja überhaupt nicht mehr betreten. Und wir gaben uns als „Arier", trugen zumindest keinen Judenstern. Mitunter hatte ich für solche Fälle noch einen abgetrennten Stern in Bereitschaft, den ich mir dann schnell ansteckte, oder ich hielt die Aktentasche so, daß die Stelle, wo der Stern sitzen mußte, verdeckt war.

Von den Verwandten, die mir noch geblieben waren, besuchte ich am häufigsten meinen Vater. Zweimal in der Woche aß ich bei ihm in der Danziger Straße 47 ein warmes Abendbrot – illegal beim eigenen Vater, der selbst als jüdischer Zwangsarbeiter noch legal lebte. Mit Herzklopfen stieg ich zu ihm in die vierte Etage hinauf und hoffte, daß mich niemand sah. Auch hielt ich mich nie lange auf, aß nur schnell – jeder Abschiedskuß konnte der letzte sein. Einmal, als ich gerade bei der Suppe saß, läutete es an der Wohnungstür. Das normale Läuten der Klingel war stets unheimlich; es war für uns im Laufe der Jahre zu einem beängstigenden Signal geworden, denn es konnte immer bedeuten: Gestapo. Wir hatten uns daher untereinander ein bestimmtes Klingel- oder Klopfzeichen angewöhnt. Der Vater versteckte mich im Badezimmer, doch wir hatten Glück: kein Gestapo-Mann stand vor der Tür, es war ein Nachbar. Heute noch zucke ich bei langem, scharfen Klingeln zusammen und bitte meine Freunde, nur kurz anzuläuten.

Eine Weile konnten wir uns mit Lebensmittelkarten noch recht gut helfen. Sei es, daß wir aus der legalen Zeit Marken mitbrachten, sei es, daß wir uns irgendwie – auf dem Schwarzmarkt oder durch Tricks – die laufenden Kartenserien beschafften. In den Familien und auf dem Schwarzmarkt gab es damals einen schwunghaften Handel mit Lebensmittelmarken. Man konnte die unterschiedlichen Sorten kaufen oder auch gegeneinander tauschen, und manche waren leichter, manche schwerer zu bekommen. Heinz Abrahamsohn schaffte es eine Zeitlang, über den Schwarzmarkt regelmäßig Karten zu besorgen. Ich machte von der Möglichkeit, sie dort zu kaufen, nur selten Gebrauch. Da ich nie zu den Besitzenden gehörte, war ich über den Umfang solcher Möglichkeiten auch gar nicht orientiert, sondern hielt mich lieber an Kreise, in denen Hilfe aus Freundschaft und Menschlichkeit gewährt wurde. Auch Ewo dachte so und ging bei der Organisation von Lebensmittelkarten einen Weg, der äußerst verwegen war, aber bis zur „Liquidierung" der deutschen Juden Ende Februar 1943 immer glückte: Ewo holte nach meinem Untertauchen noch monatelang meine offiziellen Kartenserien bei der zuständigen Stelle ab. Meine „Evakuierung" war dorthin nicht gemeldet worden, da ich ja zur Deportation nicht mitgegangen war. Dies hätte für mich eine Falle werden können. Auch Ewo konnte bei diesem Unternehmen entdeckt und gefaßt werden. Ich wußte zwar, daß sie mich niemals preisgeben würde, war aber dennoch jedesmal in größter Unruhe, wenn sie den Weg zur Kartenstelle antrat; immer wieder versuchte ich, sie davon abzuhalten. Ewo aber ließ es sich nicht nehmen, und es ist ein Wunder, daß ihr dabei nichts Ernstliches zugestoßen ist.

In den letzten Kriegsjahren wurden die Lebensmittelrationen für die Bevölkerung immer knapper. Die Zahl unserer Helfer verringerte sich auch aus diesem Grund. Immer mehr verloren in den Bombennächten ihre Wohnung, flohen aufs Land oder wurden von den Behörden evakuiert. So wurde nicht nur die Quartiersuche, sondern auch die Verpflegung immer problematischer. Tischeinladungen wurden selten, und die Helfer, die uns noch blieben, konnten von ihrer Essensration kaum noch etwas entbehren.

Wir waren zunehmend auf Selbstversorgung angewiesen. Es gab dazu einige beschränkte Möglichkeiten, die freilich nie ausreichten. Wenn man etwas Geld hatte, konnte man in ein Restaurant gehen und dort irgendwelche Speisen oder Suppen verzehren, die zwar substanzlos, aber „markenfrei" waren. Wenn man doch einmal eine Lebensmittelkarte oder einzelne Markenabschnitte geschenkt bekam, konnte man sich auch manchmal etwas Besseres leisten. „Gegen Marken" konnte man auch immer Brot oder Brötchen kaufen, dann irgendwo einen Tee trinken und sich bei einem solch kargen Frühstück aufwärmen.

Oft dachte ich in diesen Tagen an die guten und reichlichen Essensportionen, die wir „bei Jenny" in Friedenau bekommen hatten. Jenny, die ehemalige Hausangestellte der Wolffs, lebte sehr bescheiden in einer Wohnküche. Sie verstand es, den Appetit von jungen, ausgehungerten Menschen richtig einzuschätzen und kochte sehr einfach, aber immer mit Liebe und in riesigen Mengen. Leider mußten wir nach Ewos Verhaftung im Sommer auch Jennys gemütliche Wohnküche meiden.

So kamen schließlich Tage und Wochen, an denen wir uns mit ein paar Scheiben Brot zufrieden geben mußten oder mit dem Dürftigen, was es ohne Marken noch in Restaurants gab. Wohl dem, der dann wenigstens noch ein Tages- oder Nachtquartier hatte, um den Hunger durch vermehrten Schlaf auszugleichen oder die Mahlzeiten einfach zu verschlafen. Oft träumte ich damals von „Aschinger", wo man sich vor dem Krieg ganz ohne Geld und Marken auf originelle Weise satt essen konnte. Aschinger, ein populäres Restaurant mit Filialen in allen Berliner Stadtteilen, gab als Standard-Gericht Erbsensuppe mit Würstchen aus. Dazu konnte man gratis Brötchen und Mostrich nehmen, soviel man wollte. Oft sind wir dort mit den Freunden aus dem Jugendbund eingekehrt und haben lauter

Mostrichbrötchen gegessen. Wie schön wäre das jetzt für uns gewesen! Es reichte an allen Ecken und Enden nicht, und die Preise auf dem Schwarzmarkt waren so hoch, daß wir sie nicht mehr bezahlen konnten.

Woher nahmen wir das Geld, das zum Überleben nötig war? Nötig nicht nur für den sparsamen Kauf von Lebensmitteln, sondern auch zur Bezahlung neuer Schuhsohlen, für den Aufenthalt in Kaffeehäusern, für Zeitungen und Fahrgelder, für Wäsche und Friseur. Für die vielen Ausgaben, die das tägliche Leben auch in Notzeiten erforderte – um so mehr, wenn man sich als „normaler Deutscher" geben wollte. Auch Kinobesuche gehörten dazu, nicht nur zum Vergnügen, sondern vor allem als Aufenthaltsmöglichkeit. Wir wollten aber auch nicht ganz auf Kultur verzichten, und so brachte der Unterschlupf in einem Theater oder Kino immer auch ein paar glückliche Stunden.

Die meisten von uns besaßen anfangs noch einige Ersparnisse. Ich erhielt in der ersten Zeit einen regelmäßigen monatlichen Betrag vom Hechaluz. Mit Hardy Plaut traf ich mich an verkehrsreichen Stellen wie dem Alexanderplatz in regelmäßigen Abständen. Wir tauschten Nachrichten aus über die noch mögliche Arbeit der Bewegung und über meine Erfahrungen in der Illegalität. Dies geschah zum Teil in Form von chiffrierten Notizen auf unauffälligen Zetteln. Dabei überreichte mir Hardy auch das Geld. Nachdem Alfred im November 1942 verhaftet worden war, fiel diese Geldquelle aus.

Gelegentlich erhielten wir auch Geldgeschenke aus unserem Helferkreis, insbesondere von Menschen, die uns ehrlich zugetan waren, es aber nicht wagten, uns über Nacht oder zum Essen zu beherbergen. Andererseits lag ihnen daran, ihre Solidarität zu bekunden, und sie taten es durch Übermittlung oder persönliche Aushändigung von Bargeld. Es waren keine großen Summen, aber es tat gut, auch auf diese Weise Sympathie zu erfahren. Schließlich konnten wir in unserer Notlage jede Mark gebrauchen.

In erster Linie versuchten wir, durch eigene Arbeit Geld zu verdienen. Ich habe schon geschildert, wie schwierig es für uns war, eine normale, bezahlte Arbeit zu finden. Zwar fehlte es überall im zivilen Sektor an Arbeitskräften, Handlangern und Hilfspersonal.

Mit Edith Wolff
im Frühjahr 1943.

Wie kamen wir zu dem nötigsten Geld?

Mit Miriam Beck und Heinz Abrahamsohn.
Gartenarbeit in Berlin-Pichelsberg. 1943.

Wer aber wollte und konnte einen Juden ohne gültige Papiere einstellen?

Die Tätigkeit in einem Großbetrieb war wegen der Formalitäten und Nachprüfungen dort von vornherein ausgeschlossen. Aber auch in kleineren Betrieben war es nicht nur für uns, sondern auch für die Inhaber gefährlich. Wir hatten ja kein reguläres „Arbeitsbuch", und so mußte zumindest der Chef oder Abteilungsleiter Bescheid wissen, während die übrigen Mitarbeiter und die Kunden nichts ahnen durften. Ich hätte zwar als ein vom Militärdienst zurückgestellter Arbeiter gelten können, aber so ein Fall war selten, und ich hätte mich entsprechend ausweisen müssen.

Vorübergehend war es aber doch möglich, in einem Kleinbetrieb Arbeit zu bekommen, aushilfsweise, stundenweise, tageweise, je nach Zufall und Gelegenheit. Von Abraham Bernstein, dem es gelungen war, für eine längere Zeit in einem mittleren Betrieb unterzukommen und mit Wissen des Leiters sogar in der Werkstatt zu übernachten, habe ich schon erzählt. Ich half manchmal in Ewos Firma aus. Sie arbeitete im Adressenverlag Diederichs, einem ehemals jüdischen Verlag in der Rungestraße. Ewo hatte mich dort als ihren Bruder ausgegeben, weniger vor den Angestellten, die alle recht loyal waren, als vielmehr gegenüber dem Portier, der als überzeugter und ehrgeiziger Nazi gern im Betrieb herumschnüffelte.

Am ehesten kamen Gelegenheitsarbeiten im Kreis der Bekannten und Eingeweihten in Betracht. Wir übernahmen oft Hausarbeiten: Abwaschen, Teppichklopfen, Fensterputzen, Umzugsarbeiten. Auch mit Reparaturen, die immer einmal anfielen, konnten wir uns nützlich machen, oder wir übernahmen Gartenarbeiten und Laufburschendienste, wie etwa bei Frau Goering. Wir wurden auch an Bekannte weiterempfohlen, wobei sich Erklärungen über unsere Situation erübrigten. Das Schöne war, daß jede kleine Arbeit uns half, auf andere Gedanken zu kommen.

Schabbat an der Spree

Wir hatten schon in „normalen" Zeiten immer betont, daß der Jugendbund nicht allein Sport und Spiel und auch nicht irgendeine Jugendgruppe war, sondern Vorbereitung für das Leben geben sollte. Wir arbeiteten für ein Leben von Morgen, eine freie jüdische Gemeinschaft, für einen Zusammenhalt. Das gab uns jetzt Kraft und Mut. Wir taten nun nichts anderes, als unter veränderten Umständen unsere Arbeit fortzusetzen, mit all den bündischen und religiösen Formen, die uns teuer waren. Unsere Feiern, die Lernstunden und Szichot, aber auch unsere Wanderungen und Pfadfinderbräuche behielten wir bei.

Wir legten für unsere Gruppe ein regelmäßiges Wochenprogramm fest. An jedem Tag, bis auf den Freitag, wollten wir uns mindestens einmal treffen. Dadurch hatten wir einen festen Zusammenhalt, sahen uns täglich, konnten die Lage besprechen, Erfahrungen austauschen und verfügbare Nachtquartiere, Essensadressen und Geld aus unserer gemeinsamen Kasse verteilen. Wir versuchten, einander in allen Dingen des täglichen Lebens zu helfen, so gut es irgend ging. Unsere Gruppentreffen fanden zu festen Zeiten und wenn möglich auch an festen Orten statt. Wer uns suchte, sollte wissen, wo er uns am nächsten Tag finden konnte. Wir machten es zu einer allgemeinen Pflicht, zu jedem Treffen zu kommen, denn nur so konnten wir sicher sein, daß keinem etwas passiert war. Doch ohnehin wollte niemand fehlen, um nicht den Anschluß an die Gemeinschaft zu verlieren.

Im Falle der immer häufiger werdenden Fliegeralarme machten wir aus, daß unsere Zusammenkunft genau eine Stunde nach der Entwarnung stattfinden sollte. Das gleiche galt auch für Verabredungen zwischen einzelnen Chawerim.

Das Wochenprogramm im Chug Chaluzi sah so aus: Am Sonntag machten wir eine Wanderung in die nähere Umgebung von Berlin.

Wir kamen dadurch tagsüber aus der Stadt heraus und verbanden Sport und Spiel mit Übungen der Pfadfinderei. Für Montagabend war der Besuch einer künstlerischen Veranstaltung vorgesehen, ein Konzert oder eine Oper, je nachdem, was gerade möglich war. Ich habe schon beschrieben, daß diese Besuche ja auch eine Gelegenheit waren, sich in aller Öffentlichkeit zu verstecken. Wir hatten natürlich oft weder Geld noch Zeit dazu, aber wenn es uns einmal gelang, war es ein ganz besonderes Erlebnis. Am Dienstag fanden unsere regelmäßigen Kurse in Ivrit (Hebräisch) und für die Fortgeschrittenen auch in Englisch statt. Am Mittwoch war allgemeines Gruppentreffen mit Lernstunden in „Palku" (Palästina-Kunde) und „Zio" (Zionistische Geschichte), am Donnerstag Tenach-Lernen. Außerdem besprachen wir an diesem Tag allgemeine Fragen der Gemeinschaft. Der Freitag blieb frei und war privaten Verabredungen vorbehalten. Das wichtigste Treffen war der Schabbat-Nachmittag. Dann lasen wir etwas, oft auch als Vorbereitung auf ein Theaterstück oder eine Opernvorstellung am Montagabend. Danach lernten wir jüdische Geschichte und anschließend war Szicha über „das interessanteste Thema der Woche". Die Krönung des Tages war wie schon immer in der Bundesarbeit der Oneg Schabbat. Der Oneg, immer mit einem bestimmten Thema, wurde jedesmal von anderen vorbereitet. Den Abschluß des Schabbat bildete auch hier wieder die Hawdala, die Unterscheidungszeremonie, die mit Gesang und Gebeten den Schabbat verabschiedet und zur neuen Woche überleitet.

Schwieriger als die Gestaltung des Programms mit all seiner Abwechslung, mit Kursen und Lernstunden, Wanderungen und Schabbat-Feiern war die Festlegung des Ortes. Dieses Problem war daher immer als erstes zu lösen. Im Sommer war das verhältnismäßig einfach. Sonntags trafen wir uns fast so wie in normalen Zeiten auf den Vorortbahnhöfen und begaben uns dann zu einer vorher vereinbarten Stelle. Der Berliner Ausflugsverkehr an den Sonntagen ging ja immer noch mit einer wahren Völkerwanderung einher, und wir fielen dabei überhaupt nicht auf. Im Sommer verlegten wir alle Zusammenkünfte gern nach draußen, trafen uns am liebsten im Grunewald oder im Pichelsberger Forst. Viel schwieriger war es mit den Zusammenkünften in Wohnungen. Da unsere Gruppenarbeit im Frühling erst richtig begonnen hatte, stellte sich dieses Problem erst ganz allmählich mit den Herbst-und Wintertagen ein.

Es gab eine Reihe von Helfern, die ihre Wohnungen für unsere Treffen zur Verfügung stellten. Wir mußten uns dann äußerst ruhig verhalten, damit man von draußen nichts hören konnte, denn unser Zusammensein durfte ja von niemandem auch nur geahnt werden. So mußten die Vorhänge an den Fenstern vorgezogen sein, und wenn wir unsere altvertrauten Lieder sangen, dann summten wir sie leise, ohne Worte. Größte Vorsicht war jedesmal beim Betreten und Verlassen der Wohnung geboten. Wir konnten natürlich nicht in einer Schar eintreffen, sondern mußten uns systematisch verteilen. So war bei allen Wohnungszusammenkünften für das Kommen und Gehen ein genauer „Fahrplan" vorgesehen: Alle Viertelstunde durften nur zwei Chawerim das Haus betreten und mußten es in gleicher Weise, in gleicher Reihenfolge wieder verlassen. Natürlich dauerte bei diesem System unser „An- und Abmarsch" ziemlich lange. Aber diese Methode war die einzig richtige und hat sich glänzend bewährt, denn bei unseren Treffen ist uns niemals etwas passiert. In den wenigen Fällen, wo Mitglieder unserer Gruppe verhaftet wurden, traf es sie einzeln, in ihrem Nachtquartier, auf der Straße oder bei der Schwarzarbeit. Die Regel, immer nur zu zweit oder höchstens einmal zu dritt einzutreffen, machten wir auch außerhalb der Wohnungen zum festen Prinzip. Es galt natürlich besonders für die Theaterbesuche. Hier versuchten wir, immer nur paarweise zusammenzusitzen. Aber es war wegen der im voraus zu lösenden Platzkarten manchmal nicht zu vermeiden, daß wir eine ganze Sitzreihe belegten. Um im Publikum nicht aufzufallen, taten wir dann fremd und durften uns nicht durch zuviel Reden verraten. Aber auch das klappte recht gut, nicht nur bei den Älteren, sondern auch bei den Kindern, die sich besonders zusammennehmen mußten; doch an das Schauspielern in der Öffentlichkeit waren wir ja gewöhnt, und jeder wußte, wie ernst und lebensnotwendig unsere Gruppenregeln waren.

Auch bei unseren Wanderungen fuhren wir erst einmal zu zweit oder zu dritt bis zum Vorortbahnhof und gingen dann in größeren Abständen zu dem vereinbarten Platz. Wir trafen uns an der Havel, auf einem freien Feld, und sehr gerne auch an den kleinen Seen des

Grunewalds. Abseits von den Spazierwegen setzten wir uns auf gefällte Baumstämme im Kreis nieder, lernten dort und hielten unsere Szichot. Mitgebrachte Bücher wurden aus der Aktentasche geholt, und so manches hebräische Lehrbuch war in eine Nazi-Zeitung eingeschlagen. Die meisten von uns waren ausgelassen und fröhlich. In Gottes freier Natur vergaßen wir für lange Stunden, für einen halben Tag die Sorgen des illegalen Lebens, unsere Ängste und unsere tägliche Qual. Hier konnten wir uns freier bewegen, konnten auch einmal baden gehen, konnten ungehemmt miteinander sprechen, manchmal sogar unsere Lieder mit normaler Stimme und mit Text singen. Allzu laut wagten wir jedoch nicht zu sein, da andere Menschen vorbeikommen konnten. So war uns das Lieder-Summen statt Lieder-Singen zu einer lieben Gewohnheit geworden – wußten wir doch auch schon bei allen unseren Melodien, was sie uns zu sagen hatten: „Noch ist unsere Hoffnung nicht verloren ..." aus der Hatikwa; oder die Worte aus dem Fahnenlied „Auf nach Zion": „Zusammen wollen wir zurückkehren in das Land unserer Väter, in unser geliebtes Heimatland, zur Wiege unserer Jugend ...". Oder auch die Verse „Wir kämpfen für Freiheit, für Gleichheit und Recht, wir kämpfen für Israels Ehre!" aus dem Kadima-Lied, das wir immer mit ganzer Inbrunst sangen oder summten. Dieses Lied wurde unser „Gruppenlied", das Lied des Chug Chaluzi.

Wir durchstreiften die Wälder, rasteten auf dem Erdboden und versäumten auch unsere pfadfinderischen Übungen nicht. Nach altem Brauch verbanden wir sie mit Wettbewerb und Leistungsanforderungen unter Berücksichtigung der Aufgaben aus den chaluzischen Lernstunden, wie etwa „täglich zehn Worte Ivrit" und ähnliches. Am 29. August 1943, einem Sonntag, gab es einen Pfadfinderwettbewerb, der für alle Teilnehmer ein unvergeßliches Erlebnis blieb. Die Chawerim bekamen von mir provisorische Kartenskizzen, nach denen sie an bestimmten Stellen Meldungen suchen sollten und neue Meldungen ablegen mußten, sich dann treffen und die Skizzen vervollständigen mußten. Das alles war nicht nur Selbstzweck. Es half uns jetzt so vieles, was wir von der bündischen Erziehung mitbekommen hatten und was nun zur allgemeinen Vorschrift für unsere illegale Arbeit wurde: Pünktlichkeit, Disziplin, Zuverlässigkeit und Verantwortungsgefühl, Ortskenntnis und

Wanderung in den Grunewald, Juni 1943. David, Miriam und Poldi.

Unsere Lieder summten wir leise.

Schawuot-Fest in der Familie Beck 1943. Von links nach rechts: Gad Beck, Edith Wolff (verdeckt), Heinz Abrahamsohn, David, Poldi Chones, Miriam Beck.

Selbständigkeit. – Wenn wir dann nach Berlin zurückkehrten, war es meist schon dunkel, und wir konnten noch ein Stück zusammen fahren, bevor jeder zu „seinem" Schlafplatz ging. Die Dunkelheit lernten wir in dieser Zeit sehr zu schätzen.

Da unsere Treffen immer auch der Nachrichtenübermittlung dienten, gingen wir allmählich dazu über, uns Adressen, Quartiere oder sonstige Neuigkeiten auf Zetteln in Morseschrift zu übermitteln. Das war schon vorher in unseren Bünden üblich gewesen. Wir änderten den allgemeinen Morsecode ab und hatten so eine Geheimschrift. Schwierig war die Festlegung der jüdischen Feiertage, denn schon längst gab es ja für Juden keinen Spezialkalender mehr. Nach dem letzten, uns noch bekannten jüdischen Kalender 5702 – aus den bürgerlichen Jahren 1941/42 – berechneten wir die Daten der jüdischen Feiertage selbst.

Für die Unterrichtsstunden hatten wir einen regelrechten kleinen Lehrplan. Er lehnte sich an die Arbeit in der Jual-Schule und den Bünden an, war aber natürlich auf das Wichtigste konzentriert. Beim Unterricht im Tenach befaßten wir uns vor allem mit dem Propheten Jeremia. Die weltweiten Ideen und Visionen dieses Propheten waren so recht geschaffen, uns Mut und Kraft zu geben und über das hinaus zu denken, was jetzt unser Alltag war. Nebenher lasen wir dazu das Buch „Jeremias" von Stefan Zweig. In jüdischer Geschichte gab ich den Chawerim einen Überblick über die Geschichte unseres Volkes. Im Lehrfach Zionistische Geschichte sprachen wir vor allem über die großen Persönlichkeiten der zionistischen Bewegung – Staatslehrer, Philosophen und Pioniere. In Palku wiederholten wir die von vielen schon in der Jual-Schule gelernte Geographie des Landes und die jüdische Siedlungsgeschichte, insbesondere das Entstehen der Kibbuzim. Der Hebräischunterricht war schwierig, weil die Sprachkenntnisse der Kinder doch sehr unterschiedlich waren. Wir bildeten daher zwei Gruppen, und es gelang vielen in dieser Zeit tatsächlich, eine Menge hinzuzulernen. Ewo gab einige Stunden in Englisch. Hier hatten wir noch eine ganze Menge Lehrmaterial, ansonsten aber kaum noch Bücher. Es war uns gelungen, einige wenige zu behalten, darunter einen Tenach, ein Gebetbuch, einige jüdische Geschichtsbücher. Ein Schatz für uns war damals die Anthologie „Israel – Volk und Land", die ich noch von meinem ehemaligen Madrich Chanoch Reinhold bekommen hatte.

Es ist mir heute klar, daß uns natürlich gerade der Besitz von jüdischen Büchern schwer hätte belasten können. Damals dachten wir an diese Gefahr noch am wenigsten, tarnten diese Bücher nach außen hin. Wenn es jemals wahr ist, daß Bücher Freunde sind, so waren uns die jüdischen Bücher damals ganz besonders wertvolle Freunde. Sie waren so etwas wie Beschützer, wie ein Talisman.

Besonders schön waren für uns die Tage, an denen wir uns auf den Besuch eines Theaterstücks oder einer Oper vorbereiteten. Wir lasen dann die Texte im voraus mit verteilten Rollen, obwohl wir meist nur ein einziges Exemplar hatten und es von Hand zu Hand gehen lassen mußten. Nur von „Wilhelm Tell" oder von der „Braut von Messina" hatten wir noch zwei bis drei Reclam-Bändchen. Wenn wir den „Wilhelm Tell" lasen, Schillers „Räuber" oder auch den Freiheitskampf des „Egmont", dann war es uns, als ob diese Stücke für uns geschrieben wären. In den Aufführungen erlebten wir es ähnlich. Einmal konnten wir Karten für die Volksoper „Der Evangelimann" von Wilhelm Kienzl bekommen, einem Wiener Komponisten, den man heute kaum noch kennt. Wir saßen da und weinten, als der Evangelimann die Worte aus der Bergpredigt sang: „Selig sind, die Verfolgung leiden um der Gerechtigkeit willen, denn ihrer ist das Himmelreich". Er hatte uns gemeint, so direkt betraf es uns. Unter Tränen gingen wir aus dem Saal und sprachen noch lange darüber.

Den Höhepunkt und Abschluß der Woche bildete auch in dieser Zeit der Schabbat mit der „Schabbat-Freude" am Ende des Tages. Zu diesen Feiern trafen wir uns lieber in Wohnungen, bei den Chawerim aus „Mischehen", meist in der Familie Beck. Festlich war dort die Stimmung trotz aller Sorgen, wenn wir bei angezündeten Lichtern zum Oneg-Schabbat zusammensaßen. Von den Chawerim war jeweils ein Programm vorbereitet worden, und mitunter gab es sogar einen „Musik-Oneg": Von einem Plattenspieler hörten wir klassische Musik, sprachen darüber, hörten noch einmal still zu. Wir genossen diese besonderen Stunden sehr. Oft erzählte ich den Jüngeren beim Oneg auch von meinen früheren Erlebnissen in der Jugendbewegung. „Normale" Zeiten hatten die Chawerim ja zum

Teil gar nicht mehr kennengelernt, und so lauschten sie gebannt, wenn ich die reiche, schöne Bundesarbeit der vergangenen Jahre wieder lebendig werden ließ. Ich malte ihnen in bunten Farben aus, wie reich sich unser Schicksal auch nach der Befreiung gestalten könnte, gestalten würde – wenn wir nur durchhielten und entschlossen waren, den Tag der Freiheit noch zu erleben.

Oft wurden in der Gruppe aber auch ganz andere Themen behandelt. So sprach Ewo einmal über „falsches und wahres Führertum", ein Thema, das sie selbständig ausgearbeitet hatte und auf die Gegenwart, ebenso aber auf die jüdische Geschichte bezog. Auch über persönliche Schicksale haben wir gesprochen, wenn Ewo etwa ihre Erzählung „Mein jüdischer Werdegang" vorlas. „Ich hätte dir stundenlang noch weiter zuhören können", sagte Poldi hinterher zu Ewo. Ihre Geschichte hatte ihn sehr beeindruckt.

Wir nutzten auch die Szichot für ein wenig selbstorganisierte Weiterbildung. Wiederum war es Ewo, die sich Besonderes einfallen ließ. Einmal referierte sie über die Hilfssprache Esperanto, andere setzten sich mit den Problemen des Sozialismus und des Marxismus auseinander. Ein Lieblingsthema von Ewo war auch die Entwicklung vom Mutterrecht zum Vaterrecht. Sie erklärte uns die kulturgeschichtliche Entwicklung und wies auf die besondere Stellung von Mutter und Vater in der jüdischen Tradition hin – Rollen, die nun im Chug Chaluzi symbolisch von Ewo und mir übernommen worden waren.

Am 28. August 1943, als unsere Gruppe gerade ein halbes Jahr bestand, fand ein besonders festlicher Oneg statt. Unter anderem verlasen Gad und Miriam eine von ihnen verfaßte Resulotion über „Aufgaben und Ziele des Chug Chaluzi", die von allen Chawerim einstimmig angenommen wurde. Leider sind mir die Abschriften dieses Textes verloren gegangen.

Den Abschluß eines jeden Oneg Schabbat bildete die feierliche Hawdala. Wie wir es aus der alten Bundesarbeit kannten, standen wir im Kreis beisammen, und jeweils ein anderer sagte die Segenssprüche. Viele bemühten sich, die Hawdala zu erlernen, um diese Aufgabe vor der gesamten Chewra übernehmen zu können. Nur wenige Tage vor seiner Verhaftung war es mit emsigem Fleiß auch Poldi gelungen, die Hawdala auswendig zu lernen; ihm fiel das

Hebräische und alles Lernen überhaupt immer etwas schwer. Wie froh und glücklich war er nun, als er die Hawdala vor den anderen aufsagen konnte. Danach überreichte er mir ein Briefchen, in dem er seine Freude und Dankbarkeit darüber zum Ausdruck brachte, daß er es geschafft hatte. Er hatte eine Hoffnung, die wenige Tage darauf von roher Hand zerschlagen wurde:

24. September 1943

Mein lieber Jizchak, wie oft im Leben wird man enttäuscht. Ich erlebte im letzten halben Jahr des öfteren Enttäuschungen und stand manchmal einsam und verlassen da, ohne jemand, der mich freundschaftlich beriet und mir half, das Schwere leichter zu nehmen. Da fand ich dich, den ich früher nie verstanden hatte ... Danken möchte ich Dir für alles, was Du in diesem halben Jahr für mich getan hast. Ich lernte viel hinzu, und so danke ich Dir besonders auch für Deine Anregung, mehr zu lernen. Nur einen Wunsch habe ich noch an Dich: Du weißt, wie schwer mir das Ivrit fällt, und es gehörte eine große Anstrengung dazu, das zu schaffen, was ich mir bis zu meinem Geburtstag vorgenommen hatte. Gib mir jede Woche noch zusätzlich eine Stunde! In der Hoffnung und in dem Glauben an eine gute Zukunft verbleibe ich Dein immer treu bleibender

Jehuda (Poldi)

Es kam vor, daß wir für den Schabbat-Nachmittag bei unseren „Schabbat-Familien" nicht mehr aufgenommen werden konnten. Dann begaben wir uns auf einen abgelegenen Platz im Tiergarten oder irgendwo an den Ufern der Spree. Dort versuchten wir dann, unser Oneg-Thema mehr oder weniger gut auszuführen. Auch die Hawdala durfte hier nicht fehlen, sie durfte freilich auch nicht auffallen. Nicht immer hatten wir die nötigen Utensilien und Gewürze bei uns; ein Licht konnte erst recht nicht angezündet werden, denn das wäre aufgefallen und viel zu gefährlich gewesen. Wir halfen uns deshalb mit anderen Mitteln. Eng beieinander standen wir im Kreis und „entzündeten" eine Taschenlampe, wie man sie in den „Verdunkelungsjahren" des Krieges fast immer bei sich hatte. Über diesem Licht sprachen wir den Segensspruch von Gott, der das Licht erschaffen hat. Als „Gewürze" dienten uns Blätter oder Kräuter, die wir am Wege fanden und dann zerrieben. Mit ihnen sprachen wir den Segensspruch vom Schöpfer der verschiedenen Gewürzarten. Ein kleines Fläschchen mit Cognac, das man als Medizin gegen Erschöpfungszustände immer dabei hatte, war auch zur Hand, so daß wir darüber den Segensspruch vom „Wein" sprechen konnten. Eine solche Hawdala an der Spree, im Abenddunkel eines kühlen Nebeltages, ist mir noch heute in deutlicher Erinnerung.

Ein besonderes Kapitel aus der Zeit des Chug Chaluzi waren die Gottesdienste. Da wir unter den besonderen Umständen einen regelmäßigen Gottesdienst am Freitagabend oder am Schabbat-Vormittag nicht gut halten konnten, behielten wir uns die Gottesdienste zu besonderen Anlässen vor, im Grunde nur für die Feiertage. Um so stärker aber war unser religiöses Bedürfnis geworden, und um so aufgeschlossener waren auch diejenigen Chawerim und Chawerot, die aus unreligiösen, bestenfalls liberalen Häusern kamen, und dies waren die meisten. Das Gebet an den Feiertagen wurde uns mehr denn je zu einer Stunde der Sammlung. Der Gedanke an das Ewige half uns „aus der Dunkelheit zum großen Licht", wie ich es später einmal genannt habe. Wir wollten noch an das Wahre und Gute glauben – trotz allem.

Unsere Gottesdienste zu den Hohen Feiertagen im Herbst 1943 sind unvergeßlich für alle, die daran teilgenommen haben. Zu Rosch Haschana beteten wir in der Wohnung bei Familie Beck, am Jom Kippur einige Tage später in einer engen Wohnung am Friedrichshain bei der Chawera Ursel Littmann. In der Familie Beck war von Gad und Miriam ein Tisch mit Kerzen hergerichtet worden; wir saßen betend davor. Im Kellergeschoß der Familie Littmann saßen oder standen wir den ganzen Versöhnungstag hindurch an einem runden Tisch. Wie tief und innerlich die Andacht war, muß hier nicht gesagt werden. Es fällt schwer, unsere Gefühle zu beschreiben, denn gerade beim Gebet und bei den Gottesdiensten war vieles am schwersten: die Erinnerung an die Menschen der Gruppe, die verhaftet oder schon deportiert waren, an die, die in früheren Jahren ermordet worden waren und in diesen Tagen an Poldi, den man verhaftet hatte. Hinzu kam für jeden einzelnen das Heimweh nach den Eltern, die Sehnsucht nach Geschwistern und Angehörigen.

Als die Verhaftungen und Deportationen begannen, war es unser Ziel, die betroffenen Menschen nicht zu vergessen, ja noch mehr: sie in Gedanken der Gruppe zu erhalten, sie auch weiter unter uns leben zu lassen. Nicht nur, daß von ihnen immer wieder gesprochen wurde, daß wir bei Geburts-und Gedenktagen besonders eingehend an sie dachten; bei all unseren Gottesdiensten wurde für jeden, den wir verloren geben mußten, ein Mischeberach-Gebet gesprochen, mit dem wir um den Segen für den Betroffenen baten. Und immer länger wurde die Mischeberach-Reihe. Wir beteten um das Leben der Verlorenen, denn nur in den wenigsten Fällen wußten wir damals irgend etwas Genaues über ihr Schicksal. Nur in besonderen Fällen sprachen wir das Gedenkgebet „El-male-rachamim", das Gebet für die Seelen verstorbener Menschen, wie wir es noch immer für Alfred Selbiger taten.

Auch von anderen Festen möchte ich hier noch berichten. Beim ersten Chanukka meiner Illegalität Ende 1942 hatten wir noch keine feste Gruppe, und so war ich mit Ewo allein. Wir zogen uns zurück und verbrachten die ersten beiden Chanukka-Abende mit zwei winzigen Kerzen in einer schmalen Kammer ihrer Wohnung. Wir sangen nicht und wir feierten nicht, wir beteten nur ganz leise und mit stiller Inbrunst – „Ma-oz Zur Jeschuathi" (Hort und Felsen meiner Rettung). Beim Chanukka-Fest des folgenden Jahres, Ende 1943, war Ewo nicht mehr dabei, war auch Poldi nicht mehr unter uns, aber wir hatten den Chug Chaluzi und konnten das Fest in einer jüdischen Gemeinschaft begehen, wieder am runden Tisch in der Kellerwohnung bei der Familie Littmann. Dieses Fest war das letzte vor meiner Flucht.

Der Seder-Abend im Frühjahr 1943 in Ewos Wohnung war von tiefer Symbolik für uns, denn er wurde zu einem verbotenen und gestörten Festabend der jüdischen Galut. Wie die Urväter, so konnten auch wir den Seder nur abhalten „die Lenden gegürtet, den Wanderstab in der Hand". Unsere festliche Zusammenkunft, so still und bescheiden sie war, wurde von außen her gewaltsam unterbrochen: von Menschen, in diesem Fall überzeugten Christen, die unser jüdisches Tun nicht dulden wollten und unsere Bräuche als heidnisch bezeichneten. Sie beschworen uns, das Fest sofort abzubrechen. Wir versuchten, den Festablauf eilig noch zu Ende zu führen.

Das Schawuot-Fest 1943 hingegen wurde ein freudiger Tag für unsere Gruppe. Wir waren wieder in der Familie Beck und haben damals sogar ein Foto gemacht. Auf dem Tisch mit weißem Tuch in der Mitte ein grüner Feststrauß, davor die beiden Festkerzen und zwei Brötchen als Chalot (Festbrote). Daneben zwei Ansichtskarten von Erez Israel, die wir mit Mühe aufbewahrt hatten. Sogar eine alte jüdische Fahne aus ehemaligem Bundesbesitz hatten wir noch gerettet. Auch sie zierte unseren Tisch, aber wir ließen sie zusammengefaltet, um uns nicht zu verraten, sollte unser Foto von unbefugter Seite einmal gefunden werden. Alles Fotografieren war ja damals gefährlich genug. Aber heute bin ich froh, daß wir neben Bildern aus der bündischen Jugend und der Jual-Schule auch einige aus der Zeit des Chug Chaluzi erhalten konnten.

Auch die Zeit des Omer-Zählens zwischen Pessach und Schawuot 1943 versuchten wir einzuhalten. Feierlich nahmen wir uns vor, uns während der ganzen Omer-Zeit – also 49 Tage lang, so wie es von Ostern bis Pfingsten sieben Wochen sind – allabendlich zum Zählen zu treffen. Dieses Zählen vom Tage der Befreiung aus der Knechtschaft, von Pessach an bis zum Tage der Gesetzgebung am Sinai, sollte für unsere Gruppe in der Illegalität besondere Bedeutung haben, denn auch wir zählten mit, Abend für Abend, von der Knechtschaft zur Freiheit, in der Hoffnung, diese Freiheit eines Tages wieder zu erleben. Wir fanden in den Bräuchen der jüdischen Tradition auch für unser gegenwärtiges Leben einen Sinn. In den Stunden der religiösen Andacht fühlten wir uns mit unseren jüdischen Brüdern und Schwestern in der ganzen Welt verbunden. Für das Omer-Zählen trafen wir uns für eine Viertelstunde bei Anbruch der Dunkelheit in einem Park oder auch unter einer Brücke im Tiergarten, wie es jeweils am günstigsten war. Natürlich waren wir nicht immer vollzählig, aber ein paar Unentwegte waren immer da; wir standen im Kreis, faßten uns bei den Händen und summten das übliche „Hineni muchan u-suman“ (Siehe, ich bin bereit zum Zählen). Dann sprachen wir den Segensspruch für das Zählen, und ich zählte den neuen Tag in die Reihe der Omer-Tage ein; die Chawerim sprachen es nach, und am Schluß sagten wir dann: „Möge Gott bald sein Haus wieder erbauen!“ Nach kurzem Austausch der neuesten Nachrichten gingen wir schnell auseinander.

Es geht nicht mehr

Es gab Ereignisse, die uns derart lähmten, daß keine Freude mehr aufkommen konnte und wir nicht wußten, wie wir unser Leben weiterführen sollten. Wenn wir wieder einen bekannten Menschen verloren hatten, besonders aber dann, wenn dies unsere Gruppe betraf, brauchten wir lange Zeit, um wieder denken und arbeiten zu können. Die schwersten Zeiten waren die Tage nach Ewos Festnahme im Juni 1943 und der Verhaftung von Poldi im September 1943. Jetzt waren es oft unsere Jüngsten, die unbefangen zum Alltag zurückfanden und auch mir wieder neuen Lebensmut gaben. Der Tag, an dem Ewo verhaftet wurde, war ein Schabbat, und wie üblich hatten wir uns für den Nachmittag verabredet. Es war ein warmer Sommertag, wir waren im Grunewald und lagen auf dem Waldboden, aber niemand sprach ein Wort, keiner konnte einen klaren Gedanken fassen. So lagen wir vielleicht eine halbe Stunde, bis schließlich Gad Beck aufstand und sagte: „Und wir müssen trotzdem weitermachen!" Auch Gads Fröhlichkeit und Lebendigkeit halfen der Gruppe in schwierigen Situationen wieder auf die Beine. Schon im Mai 1942 hatte er mir zum Geburtstag ein selbstgeschriebenes Gedicht geschenkt, „Den Mutlosen". Es blieb uns während der ganzen Zeit eine Quelle der Kraft und Ermutigung.

Die Geschichte mit den Lebensmittelkarten für Hilde Laubhardt-Rosenthal hatte zu Ewos Verhaftung geführt. Als wir im April 1943 von Hildes Festnahme erfuhren, mußten wir befürchten, daß dieser Fall auch für uns verhängnisvoll werden könnte. Dennoch hörten wir längere Zeit nichts mehr darüber. Mitte Juni war es dann soweit: Am 18. Juni erhielt Ewo durch Postzustellung ein Schreiben von der Gestapo-Leitstelle Burgstraße mit der Aufforderung, sich am nächsten Tag um 8 Uhr dort einzufinden. Man kann sich denken, welche Schreckensnachricht dieser Brief für uns war. Wir diskutierten den Fall aufgeregt und überlegten, ob Ewo der Aufforderung folgen

Im Luftschutzkeller bei Alarm geschrieben
(2-3 Uhr nachts)
Berlin-Friedenau, den 20. 5. 1943

... auch ich bin in letzter Zeit in Angst und Sorge, daß eines Tages alles mal vorbei sein könnte ... Doch bin ich genau wie damals beim 28. August der Meinung, daß man auch in diesem Fall, also im Fall aller Fälle, kein bloßes Hinnehmen und kein bloßes über sich Ergehenlassen dulden wird, sondern daß es für uns auch hier nur den Weg gibt, den wir eingeschlagen haben: alles vorzubereiten und in Bereitschaft zu sein, um allen Eventualitäten mit Kraft und Ruhe, mit Stolz und der Sicherheit unseres Glaubens begegnen zu können. Nur so werden wir, denke ich, auch die noch drohenden Gefahren überwinden – eventuell, wenn nicht anders möglich, durch Todesmut hindurch zum Sieg des Lebens und des Rechts.

Aus einem Brief von Edith Wolff kurz vor ihrer Verhaftung.

sollte oder nicht. Unser erster Gedanke war natürlich: Sie darf unter keinen Umständen dort hingehen! Ewo muß nun mit uns in den Untergrund gehen!

Wir waren alle dieser Meinung, doch Ewo, die Betroffene, äußerte sich nicht. Erst am Nachmittag gab sie uns ihre eigene sehr bestimmte Sicht der Dinge: Sie wollte auf jeden Fall dem „Stellungsbefehl" folgen und erst einmal zur Vorladung erscheinen – danach könne man weitersehen. Diese Vorstellung war für uns alle furchtbar. Aber Ewo hatte viele Gründe. Sie wollte herausfinden, was der Anlaß für die Vorladung gewesen war: Ging es nur um die Sache mit den Lebensmittelkarten, wie wir vermuteten, oder war unsere Gruppe in Gefahr? Ewo wollte sichergehen, daß man ihrer eigentlichen Arbeit nicht auf die Spur gekommen war. Sie wollte uns damit schützen, dachte aber auch an die Mutter, die sich ohnehin schon genug Sorgen machte und – im Falle einer Flucht – vielleicht an Ewos Stelle verhaftet worden wäre.

Ewo hatte auch sehr persönliche Gründe. Sie hatte den „Hitlergruß" bis jetzt nicht über die Lippen gebracht; wie sollte sie sich an die Schauspielereien und Konzessionen gewöhnen, die eine „totale" Illegalität täglich erforderte? Ewo konnte nicht „mit den Nazis agieren", wie sie es nannte. Und sie war erschöpft von der zermürbenden Arbeit für uns und viele andere. Ich redete mit ihr noch bis in die Nacht hinein, doch es half alles nichts, sie blieb bei ihrem Vorsatz. Ich muß zugeben, wir hatten noch ein Fünkchen Hoffnung, daß Ewo vielleicht nur zu einem Verhör gerufen wurde und danach wieder entlassen werden könnte. Zu dieser Hoffnung mag auch der Umstand beigetragen haben, daß Ewo nicht einfach verhaftet wurde, sondern die Vorladung zur Gestapo ins Haus geschickt bekam. Die Gestapo, so dachten wir, konnte und mußte schließlich damit rechnen, daß jemand, der auf diese Weise vorgeladen wurde, sofort fliehen würde. Da es uns aber nicht gelang, Ewo zur Flucht zu überreden, wollten wir sie wenigstens zum Polizeiquartier begleiten. Wir trafen uns am frühen Morgen des 19. Juni auf dem S-Bahnhof Feuerbachstraße. Auch Ernst Hallermann erschien dort, der „wirkliche" Ernst Hallermann, auch er hatte Ewo bis zuletzt vor dem Gang zur Gestapo gewarnt. Wir fuhren mit unserer kleinen Geleittruppe zum Bahnhof Börse, der dem Hauptquartier der

Gestapo gegenüber lag. Hier blieben die Chawerim zurück, während ich Ewo bis zum Portal des Hauses begleitete und Ernst Hallermann mit ihr sogar noch hineinging, aber nach einer Viertelstunde wieder herauskam – ohne Ewo. Wir alle warteten schweigend und nachdenklich noch zwei Stunden am Bahnhof Börse; keiner von uns dachte daran, daß es eine Tollkühnheit war, so unmittelbar am Haus Burgstraße 26 zu verweilen, das von allen Gestapostellen Berlins mit die gefürchtetste war. Gegen halb elf gingen wir auseinander, tief niedergeschlagen und ohne jede Hoffnung. Unsere Stimmung war auf einem Tiefpunkt angelangt. Später dachten wir: Wenn wir Ewo für die nächste Zeit auch verloren geben mußten, so gab es noch eine letzte Hoffnung: daß die Verfolgungen auch einmal ein Ende haben würden und wir bis dahin aushalten könnten, daß wir irgendwann unsere Gefährtin wiedersehen würden. Diese Hoffnung hielt uns weiterhin; niemand von uns wußte ja damals, daß nun für Ewo ein zweijähriger Leidensweg begann, durch siebzehn verschiedene Konzentrationslager, Zuchthäuser und Strafanstalten. Ihre Deportation ins Vernichtungslager Auschwitz war bereits angeordnet, als sie von den alliierten Truppen befreit wurde.

Die Gruppe war nun „mutterlos", und es dauerte lange Zeit, bis wir uns ohne die wertvollste Helferin weiterhelfen konnten. Durch Ewos Mutter erfuhren wir ab und zu noch Einzelheiten aus der Haft. Wir entnahmen daraus, daß Ewo noch am Leben war; natürlich mußte auch für sie das Schlimmste befürchtet werden. Später erfuhr ich, daß Ewo mehrmals versucht hatte, uns eine Nachricht zukommen zu lassen. Aber jeder dieser „Kassiber" wurde abgefangen, denn sie befand sich nicht in einem jüdischen Sammellager, sondern wurde in Polizeihaft genommen und blieb zunächst in einem Polizeigefängnis. Ewos Mutter, die am Tag der Verhaftung verreist war, tat tapfer und mutig alles Erdenkliche, um Nachrichten über ihre Tochter zu erhalten und ihr die Haftzeit ein wenig zu erleichtern. Sie scheute keinen Weg in die Löwenhöhle der Staatspolizei, hatte aber nun dauernd Gestapoleute in der Wohnung, die Beweise für Ewos illegale Tätigkeit suchten. Ernst Hallermann hatte zum Glück einen Teil ihrer Bücher, Briefe und Papiere fortgebracht, teils verbrannt, teils an sich genommen. Es war klar, daß wir Ewos Haus jetzt nicht mehr betreten konnten.

Ewos letzte Mitteilung, die sie mir in einem Brief vor der Verhaftung zurückgelassen hatte, blieb in uns lebendig. Es waren nur wenige Worte: *„Meine Lieben! Ich gehe den Weg im Glauben, daß alles gut gehen wird. Wenn es aber sein muß, so werde ich für das, was ich für unsere Menschen und für unsere Arbeit auf mich genommen habe, auch einstehen. Die Hauptsache ist, wir alle gehen weiter unseren Weg: Ihr draußen und ich drinnen, wenn es so kommt. Wie Gott es will – Eure Ewo."*

Ende Juli 1943 erreichte uns aus dem KZ Auschwitz ein Brief von Karla Wagenberg, einer Chawera, die mit anderen im April aus dem Kibbuz Neuendorf deportiert worden war. Sie hatte sich damals nicht entscheiden können, sich zu verstecken und in unsere Gruppe zu kommen. Nun schrieb sie an Gad:

Lieber Gerd!
Ich habe mich sehr über Eure Nachrichten gefreut und bin in Gedanken immer bei Euch ... Ihr braucht Euch nicht viel Sorge um mich zu machen. Wir sind hier zu zweit und haben unsere Arbeit. Wie gut ist es, daß ich das Flötenspiel gelernt habe, denn das hat mich gerettet. Wir arbeiten in der Küche. Das Leben und die Arbeit wären ganz erträglich, wenn nicht in der Nähe der Kamin *wäre. Täglich kommen Hunderte hinein. Wir verlieren nicht die Hoffnung auf ein Wiedersehen. Oft singen wir oder unterhalten uns zusammen. Wir versuchen, auch noch zu lernen. Ich habe nur eine Bitte: Schließt uns immer in Euren Kreis bei Eurer Hawdala ein und vergeßt uns nie!*

Eure Karla.

N. B.: Viele von uns sind schon bei Alfred.

Das Wort „Kamin" hatte Karla in hebräischen Buchstaben geschrieben und mit Herzchen ummalt, so daß der SS-Mann, der den „Geburtstagsgruß an die Tante in Berlin" (Frau Beck) weiterleitete, nichts merkte. Uns aber traf der Brief mit einer furchtbaren Klarheit. Was wir bisher kaum ahnen wollten, war plötzlich Gewißheit. Der Hinweis auf Alfred unterstrich das noch, denn Alfred Selbiger war ja schon tot. Später verstanden wir, daß Karla in einem „Lagerorchester“ mitspielen konnte und dadurch etwas besser gestellt war; sie konnte die Sympathie des SS-Mannes gewinnen, um uns eine Nachricht zu geben, eine Warnung: „Geht nicht mit!“ Denn Karla war zur Deportation gegangen wie so viele, ahnungslos, was in den Lagern wirklich geschah.

Auch von einem anderen Chawer, Josef Rosenberg, erhielten wir einen ähnlichen Brief aus Auschwitz. Er dankte uns für ein Paket und vermied jeden konkreten Hinweis, schrieb aber, daß er jetzt „alleine sei“ und „hoffe durchzukommen“. Jetzt wußten wir, was uns drohte, falls uns die Polizei doch noch fand. Poldi traf es einige Wochen später, im September.

Es war der Vorabend von Rosch Haschana 1943. Wir hatten uns zum Gottesdienst in der Wohnung der Familie Beck versammelt, nur Poldi fehlte noch. Als er nach längerem Warten immer noch nicht gekommen war, begannen wir mit den Neujahrsgebeten. Als Poldi aber auch am nächsten Tag nicht auftauchte, ahnten wir Schlimmes.

Wir wußten, daß er in den letzten Tagen bei Frau Lange in Friedenau übernachtet hatte, die wir durch Ewo kannten. Es war äußerst leichtsinnig von uns, nach Ewos Verhaftung immer noch dorthin zu gehen, das wußten wir. Aber Poldi hatte kein anderes Quartier. Er war vor unserem Treffen noch einmal nach Friedenau gefahren, um sich für den Feiertag umzuziehen. Am Tag zuvor war bei Frau Lange die Gestapo erschienen, um sich nach einem jüdischen Flüchtling zu erkundigen, und sie suchten eigentlich mich. Die Männer kamen wieder und verlangten, in der Wohnung zu bleiben, um dort zu warten; Frau Lange mußte sie schließlich einlassen. Als Poldi dann die Wohnungstür öffnete, wurde er sofort ergriffen und festgenommen. Er muß sich heldenhaft gewehrt haben: Frau Lange berichtete, daß er sich noch einmal losreißen konnte und Presskohlen auf seinen Verfolger geschleudert hat, der verletzt um Hilfe rief. Inzwischen war Poldi aus der Wohnung. Im Hausflur wartete jedoch der zweite Gestapo-Beamte und hat ihn überwältigt und brutal zusammengeschlagen. Poldi wurde in ein Polizeiauto gezerrt und ins jüdische Sammellager in der Großen Hamburger Straße gebracht. Sein Zustand war so schlimm, daß er von dort aus zunächst in ein Lazarett transportiert werden mußte. Durch einen

Einer fehlte: Poldi.

Leopold Chones kurz vor seiner Verhaftung und Deportation im September 1943.

jüdischen Ordner in der Großen Hamburger Straße haben wir erfahren, was weiter geschehen ist. Als Poldi, einigermaßen heil, wieder ins Sammellager kam, wurde er wochenlang verhört und gefoltert. Welch teuflische Gesinnung lag darin, einen schwerverletzten Menschen zu heilen, um ihn dann zu foltern. Die Gestapo hatte von unserer Gruppe Wind bekommen und versuchte nun, von Poldi unsere Aufenthaltsorte, unsere Namen und die unserer Helfer zu erfahren. Poldi ertrug die Quälerei und schwieg. Bevor er dann deportiert wurde, konnte er uns über einen Aufseher sogar noch eine Nachricht zukommen lassen: *„Ich habe gekämpft und geschwiegen. Geht nicht mehr in die alten Quartiere! Macht euch um mich keine Sorgen! Ich werde tapfer bleiben und stark. Rettet euch! Wir werden uns, so Gott will, wiedersehen ...“*

Poldi hatte noch in seinen schwersten Stunden herauszuhören versucht, was für uns, die anderen, von Gefahr sein konnte. Nicht eine einzige Klage spricht aus seinem Abschiedsbrief. Jeden Abend umschlich ich nun unsere frühere Mittelschule der Jüdischen Gemeinde, die jetzt Sammellager für die aufgegriffenen Flüchtlinge war. Ihre Front war von außen durch Scheinwerfer angestrahlt, um Fluchtversuche der Insassen unmöglich zu machen. Ich lebte in der törichten Hoffnung, noch irgendeinen Ausweg für Poldi zu finden. Es war aussichtslos. Auch er wurde nach Auschwitz deportiert.

So löste sich der Kern unserer Gruppe Ende 1943 allmählich auf. Der Verlust von Ewo und Poldi war sehr schlimm für uns. Einige Monate konnte Chawa Ewos Rolle übernehmen, aber im Herbst 1943 gelang es ihr, mit Hilfe von Frau Dr. Fränkel auf dem Land unterzutauchen. In Peterswalde bei Seelau (Ostpreußen) nahm sie Pfarrer Fröse auf und half ihr schließlich, bei einer Bauernfamilie unterzukommen. Sie war dort gut versorgt und konnte das Ende des Hitlerreiches erleben. Auch Lottchen versteckte sich Ende 1943 auf dem Land. Sie nahm den Namen „Renate Anke“ an und mußte als „arisches Christenkind“ sogar noch in den nationalsozialistischen „Bund deutscher Mädchen“ (BdM) eintreten. Aber auch sie hat es auf diese Weise geschafft.

Immer noch kamen neue Jugendliche zu uns, aber wir mußten inzwischen äußerst vorsichtig sein. Unsere Lage war ausweglos: Die Gestapo suchte uns, und wir konnten uns nirgendwo mehr verstecken, denn die meisten unserer Helfer waren inzwischen selbst verhört oder verhaftet worden. So beschlossen wir, intensiv nach Fluchtwegen zu suchen. Zunächst stellten wir Nachforschungen über ein gemeinsames Entkommen nach Schweden an. Das war nur über den Seeweg möglich, aber wir hatten gehört, daß mit Fischerbooten illegale Transporte jüdischer Flüchtlinge gelungen waren. Unsere Chawerim waren beherzt genug, eine abenteuerliche Reise über das offene Meer zu wagen, aber sie blieb ein Wunschtraum. Der Weg nach Süden, in die Schweiz, erschien uns aus formalen Gründen schwieriger und auch bedenklicher. Dennoch zeigten sich gerade in dieser Richtung Ende des Jahres Möglichkeiten.

Bevor ich mich nun – vorläufig – von den Menschen des Chug Chaluzi trenne, möchte ich noch ein Geschwisterpaar erwähnen, Eva und Herbert Warburg, die wir als auswärtige Mitglieder unserer illegalen Gruppe betrachteten. Sie waren vierzehn und sechzehn Jahre alt und wohnten mit ihrer Mutter in Nordhausen im Harz. Der Vater war im KZ Auschwitz ermordet worden, die Mutter war eine tapfere Frau nicht-jüdischer Herkunft, die zum Judentum übergetreten war. Sie hatte als „jüdisch-Versippte" unter den engen Verhältnissen einer Kleinstadt viel zu leiden. Die Kinder waren „Geltungsjuden" und hatten also beide den Judenstern zu tragen. Sie waren dadurch so exponiert, daß Eva seit dem Gebot des Sterntragens das Haus nie mehr verlassen hat, während Herbert verpflichtet wurde, mit dem Judenstern an der Brust die Straßen von Nordhausen zu kehren. Im übrigen blieb die Familie aber von behördlichen Schikanen verschont. Wir standen mit den beiden Kindern noch im Briefwechsel, und sie hatten mich schon mehrmals aufgefordert, sie einmal zu besuchen; auch die Mutter freute sich sehr auf eine vertraute Menschenseele, und so riskierte ich Weihnachten 1943 eine Reise in den Harz. Ich konnte dabei den regen Feiertagsverkehr ausnutzen, der selbst in den Kriegsjahren stattfand. Aber das Reisen mit der Eisenbahn war nur noch für „lebensnotwendige Zwecke" mit Erlaubnis der Wehrmacht und mit besonderem Ausweis gestattet. Doch ich besaß damals, nach ersten Vorbereitungen für meine Flucht, schon einen falschen Wehrmachts- und Reisepaß. So war ich gut ausgerüstet.

Die zehn Tage in Nordhausen waren sehr schön und bescherten mir eine ungewohnte Mußezeit, ohne Angst vor Bombenangriffen, in familiärer Geborgenheit, mit einem festen Schlafplatz und gutem Essen – mit all den Dingen, die ich in Berlin schon gar nicht mehr kannte. Die Familie war natürlich in meine Situation eingeweiht und hielt sich auch an den falschen Namen, den ich damals trug.

In den Neujahrstagen fuhr ich nach Berlin zurück. Herbert überreichte mir zum Abschied noch eine 5-Franken-Note mit den Worten: „Sie soll Dir ein Schutzgeist auf dem Weg in die Freiheit sein. Vielleicht wirst Du diese Banknote in der Schweiz dringend brauchen können." An einem Sonntagmorgen fuhr ich in Gesellschaft von Frau Warburg ab. So lieb es mir war, nicht allein zu reisen, lag darin doch eine gewisse Unvorsichtigkeit. Um 5 Uhr früh gingen wir gemeinsam aus dem Haus zum Nordhausener Bahnhof und fuhren ohne Zwischenfälle nach Berlin. Frau Warburg wollte am selben Tag wieder zurückfahren, während ich nun wieder überlegte, wo ich ein Nachtquartier finden könnte. Es gelang mir, noch einmal bei dem Ehepaar Szimke am Alexanderplatz unterzukommen.

Nach vier Tagen traf dort für mich ein Brief aus Nordhausen ein: „Benutze nicht mehr die alten Bücher und besuche bald auch Tante Bertha!" – „Bücher", das war eines unserer Codewörter für „Ausweispapiere", „Tante Bertha" war Frau Gerhardt. Ich suchte sie sofort auf und hörte folgendes: Frau Warburg fand ihre Kinder in großer Aufregung vor. Sie waren gleich nach unserer Abreise zur Gestapo von Nordhausen bestellt und dort verhört worden. „Wer war der Jude, der bei Euch war?" fragte man sie. Sie antworteten recht geschickt: „Der Mann war kein Jude, sondern ein Freund unseres verstorbenen Vaters", und erklärten weiter, „wir kennen ihn nicht und wissen nicht, wo er wohnt". Auf die Frage, wie der Besuch geheißen habe, sagten die Kinder ohne Zögern den falschen Namen. Danach wurden sie in Ruhe gelassen und nach Hause geschickt. Doch hatte der Beamte ihnen noch mitgeteilt, daß ihre Angaben nachgeprüft würden, und einige Tage später ist tatsächlich mit einer genauen Personenbeschreibung nach mir gefahndet worden. Man hatte mich vermutlich bei der Abreise mit Frau Warburg am Bahnhof gesehen, und irgend jemand hatte es der Polizei gemeldet. Es war mein Glück, daß ich nicht gleich angehalten wurde, sondern daß in dem kleinen Ort mit der gewohnten preußischen Gründlichkeit erst ein Verhör angestellt wurde, bevor man die Fahndung ausschrieb. Wir beschlossen, so schnell wie möglich meine Flucht vorzubereiten. Zuerst mußte ich mir wieder einen anderen Namen und andere Papiere besorgen.

Wenn ich heute über unsere illegale Gruppe berichte, ist es mir immer noch unfaßbar, wie wir damals den Mut aufbrachten, uns regelmäßig zu treffen, ein tägliches Programm einzuhalten, stundenlange Veranstaltungen gemeinsam zu besuchen, Feststunden und Feiertage in der Gemeinschaft zu verbringen. Erst jetzt, beim Schreiben darüber, bin ich mir der Gefahr bewußt. Damals hatten wir nicht viel Angst. Wir konnten, wir durften nicht darüber nachdenken, was uns hätte passieren können, denn damit hätten wir nicht leben können. Und das wollten wir ja: leben und überleben.

Aber wir hätten nicht durchkommen können, wenn sich nicht immer wieder einzelne Menschen großartig für uns eingesetzt hätten. Es ist kaum möglich, den Einsatz der Menschen, die uns geholfen haben, zu ermessen. Sie waren in der Minderheit, und sie handelten unter Einsatz ihres Lebens gegen einen ungeheuren äußeren Druck. Denn nicht nur die Gestapo konnte gefährlich werden; es waren vor allem auch die Nachbarn. So wohnten in einem Haus zwei Berliner, zwei Christen, der eine, der uns half, der andere, der anzeigte, daß in diesem Haus ein Kind ein- und ausging, das nicht dazugehörte. Zu Verhaftungen kam es meist deshalb, weil einer nichts Eiligeres zu tun hatte, als die Polizei zu benachrichtigen. Oft habe ich mich gefragt: Wieso? Hat er gedacht, daß dieses eine Kind den Endsieg Deutschlands gefährden oder die Wehrkraft zersetzen könnte, wie es damals hieß? Es gab überzeugte Nazis, daran ist kein Zweifel. Aber es gab vor allem eine unsinnige Angst, die das Regime verbreitete bis in die letzten Ecken der Wohnstuben hinein. Niemand glaubte doch wirklich daran, daß die Juden Teufel seien oder Staatsverräter. Die Menschen, die uns zur Seite standen, waren stark genug, der Angst zu begegnen – aus ihrem christlichen Glauben heraus, aus Überzeugung und Menschlichkeit. Sie erkannten, was geschah, wenn die Nachbarn auf Lastwagen getrieben und ihr

Hab und Gut weggeschleppt wurde. Sie wußten, das darf nicht sein, das wird schlimm enden! Und viele, so denke ich heute, ahnten das Ausmaß der Katastrophe, sonst hätten sie nicht so viel auf sich genommen. Sie hätten nicht ihr Leben eingesetzt, nur weil da jemand in ein „Arbeitslager" kam.

Von vielen dieser Helfer und Helferinnen habe ich schon erzählt. Einige christliche Helferinnen, die unserer Gruppe einen besonderen Rückhalt gaben, möchte ich hier hervorheben. Die Beschützerin von Eva Fleischmann war Frau Dr. Fränkel, eine ehemalige Lehrerin von Eva, die ebenfalls untergetaucht lebte. Eine mütterliche Freundin und Helferin wurde für uns alle auch Frau Dr. Elisabeth Abegg. Bei ihr waren wir oft als Tischgäste eingeladen, in ihrer Wohnung in Berlin-Tempelhof; sie unterstützte uns darüber hinaus mit Geld, Lebensmitteln und allem, was sie für uns tun konnte. Auch Frau Dr. Abegg war Lehrerin und gehörte zum Kreis von Frau Fränkel. Wir lernten durch sie auch Bertha Gerhardt kennen, die für uns nach Ewos Verhaftung die bedeutendste Persönlichkeit wurde. Frau Gerhardt war Schuldirektorin an einem Berliner Mädchengymnasium gewesen, sie war jedoch durch ihre aufrechte Gesinnung aufgefallen und mußte von diesem Posten zurücktreten. Ich freute mich, als sich gleich in der ersten Unterhaltung herausstellte, daß Bertha Gerhardt die Schulleiterin von Ewo gewesen war!

Frau Gerhardt war eine wahrhaft religiöse Frau – nicht fromm im kirchlichen Sinne, sondern von einer weltoffenen, großzügigen Gläubigkeit. Sie hat uns nicht nur materiell, sondern mehr noch geistig und menschlich geholfen. Als ich Ende 1943 einmal krank zu ihr kam, nahm sie mich sofort für längere Zeit auf. Sie bewohnte in Zepernick bei Berlin ein kleines Häuschen mit großem Garten. Sie pflegte mich und brachte mich zu einem befreundeten Arzt, Dr. Gillmeister, der mir wegen der angegriffenen Lunge Pflege und viel Ruhe verordnete. Damals wäre es ja gar nicht möglich gewesen, sich in eine normale ärztliche Behandlung zu begeben, und so war es ein wahres Glück, daß niemand von uns in dieser Zeit ernstlich erkrankte. Aber auch dann hätte Frau Gerhardt notfalls helfen können.

Wir machten nun regelmäßig Spaziergänge in den Wäldern von

Oranienburg, die für mich ein tiefes Erlebnis waren. Nicht allein die Natur in ihrem Herbstkleid, sondern auch die Gespräche mit Frau Gerhardt beruhigten meine gequälte Seele. Die Schwierigkeiten ihrer eigenen Situation meisterte sie mit großer Souveränität. Einmal ließ sie sich für mich etwas Besonderes einfallen: An einem Freitagabend hatte sie überraschend in ihrem Zimmer zwei Schabbat-Kerzen entzündet, und nachdem ich meine hebräischen Gebete gesprochen hatte, nahm sie ihr Kirchengesangbuch vor. Sie sang Lieder von Paul Gerhardt, der einer ihrer Vorfahren war. Sie besaß Geschenkkarten mit Versen des Dichters, und als ich das letzte Mal bei ihr war, gab sie mir zum Abschied einige dieser Karten mit; eine schmückt noch heute in Haifa meine Zimmerwand.

Der letzte Tag mit Frau Gerhardt kam jäher, als ich dachte. Eines Tages, Ende November 1943, war sie in großer Unruhe und eröffnete mir, daß ich sofort ihr Haus verlassen müsse, da sie um mein Schicksal besorgt sei. Es waren bei ihr zwei Beamte erschienen, die sie verhört hatten. Sie konnte zwar unerschrocken Rede und Antwort stehen, den Fragen war aber zu entnehmen gewesen, daß ich bei ihr aufgefallen war. Sie legte mir nun nahe, so bald wie möglich eine Flucht ins Ausland zu versuchen; sie selbst wolle mir dabei noch behilflich sein, ihr Haus aber müsse ich ab sofort meiden. Diese Mitteilung kam so unerwartet, daß ich ziemlich verzeifelt war. Denn ich wußte schon gar nicht mehr, wohin ich noch gehen sollte. Frau Gerhardt aber sagte mir zum Abschied: „Mein lieber Joachim, Sie sind auf wunderbare Weise bis heute gerettet worden. Ich glaube fest, daß ein Auge über Sie wacht und weiter über Sie wachen wird. Sie werden auch weiterhin gerettet werden. Gehen Sie also und verzagen Sie nicht!“ Mit einem Kuß auf die Stirn und einem ernsten Blick wurde ich von der alten Dame entlassen in eine kalte und regnerische Novembernacht. Ich irrte einige Stunden in der Stadt umher, verzweifelt und traurig über den Abschied von dieser wunderbaren Frau. Sie hatte mir durch ihren Mut und ihre Hilfsbereitschaft fünf Wochen der Ruhe und Erholung ermöglicht. Ich weiß nicht, was sonst aus mir geworden wäre. Nun war sie selbst in Gefahr.

Die Flucht

Wiederum war es Bertha Gerhardt, die mir den entscheidenden Fingerzeig gab. Sie machte mich im Oktober 1943 mit Frau Hedwig Meyer bekannt, von der man erfahren hatte, daß sie bei der Rettung von Juden in die Schweiz half. Als ich die vornehme Grunewald-Villa aufsuchte, öffnete mir eine kleine, liebenswürdige Dame in schwarzer Kleidung. Sie war schon über mich informiert und teilte mir nun mit, auf welche Weise sie mir helfen könnte. Nahe der Schweizer Grenze, in Singen am Hohentwiel (Baden), hatte sie Verbindung mit einigen Bauern aufgenommen, die sie noch aus der Friedenszeit von ihren Reisen kannte, und hatte mit ihnen vereinbart, von Fall zu Fall jüdische Flüchtlinge zu schicken, die dann von den Bauern zur Grenze geleitet werden sollten. Sie zeigten den Flüchtlingen dort einen sicheren Übergang und bereiteten den Fluchtweg bis in die Schweiz vor.

Frau Meyer kündigte den Bauern die Ankunft eines neuen Flüchtlings durch ein besonders verschlüsseltes Telegramm an. Damals, als ich mit ihr sprach, hatte sie auf diese Weise schon etwa dreißig Menschen gerettet, darunter auch den Berliner Rabbinatskandidaten Herbert Strauss, den ich kannte und später in der Schweiz wiedertraf. Auf meine Frage nach den Kosten für die Rettungsaktion lehnte Frau Meyer ab: „Ich hatte zwei prachtvolle Söhne, die als Offiziere an der deutschen Ostfront eingesetzt waren. Beide sind gefallen. Neben der Trauer quält mich aber auch der Gedanke, daß sie, wenn mit Sicherheit auch gegen ihren Willen, durch die Umstände der Zeit vielleicht ebenfalls an Judenmorden beteiligt gewesen sein könnten. Ich möchte daher durch einen bescheidenen Beitrag etwas für die Rettung von Juden tun. Ich tue das Meine – ohne Entgelt." Andererseits mußte sie mir erklären, daß die Bauern für jede Führung bis zur Schweizer Grenze den Betrag von 6000 Mark forderten.

Wie sollte ich nun dieses Geld aufbringen? Es war eine Riesensumme, allerdings wurden inzwischen auf dem Schwarzen Markt auch Lebensmittel und Kleidungsstücke bereits zu hunderten von Mark gehandelt. Es gelang irgendwie, das Geld zusammenzubringen, aber nun kam das zweite Problem: geeignete Papiere. Frau Meyer war bereit, wenn alle Voraussetzungen erfüllt wären, für die gesamte Gruppe den genannten Fluchtweg vorzubereiten.

Und wieder geschah etwas, das kein bloßer Zufall sein konnte: Als ich nach dem Besuch tief in Gedanken versunken durch die ruhigen Straßen des Villenviertels ging, hörte ich plötzlich Stimmen: „Jizchak, Jizchak!" Zuerst erkannte ich das junge Ehepaar nicht, das mir da entgegenlief; wie groß war meine Freude, als ich Heinz und Lucie Schacher sah. Ich hatte die beiden während meiner Tätigkeit als Madrich im Lehrlingsheim Rosenthaler Straße kennengelernt, wo auch Heinz arbeitete. Nun hörte ich, daß sie untergetaucht lebten und sich inzwischen ebenfalls mit Fluchtplänen befaßten. Sie kannten einen Unteroffizier mit Namen Strunck, der im Büro des Militärflugplatzes Staaken Dienst tat. Seine Aufgabe war es unter anderem, Militärpapiere für die dort tätigen Offiziere auszustellen. Für den Preis von 4000 Mark fertigte er solche Pässe auch für illegale Zwecke an. Diese Pässe waren „echt", denn Strunck stellte sie immer auf den Namen eines Offiziers aus, den es tatsächlich gab, so daß bei eventuellen Rückfragen die Pässe einer Prüfung standhalten konnten.

Ich war den beiden äußerst dankbar für diese Auskunft und konnte mich revanchieren, indem ich ihnen die Adresse von Frau Meyer gab. Beiden gelang es, schon am 25. 12. 1943 in die Schweiz zu fliehen.

Ich begab mich nun mit gemischten Gefühlen in die Augsburger Straße. Ein untersetzter Mann in Uniform öffnete mir: Herr Strunck. Er war bereit, für unsere ganze Gruppe die benötigten Papiere anzufertigen. Als ich versuchte, über den Preis zu verhandeln, der für uns ja unerschwinglich hoch war, antwortete er: „Herr Hallermann, ich möchte Ihnen und Ihren Freunden gern helfen, aber bedenken Sie, wie gefährlich meine Arbeit ist. Jeden Tag kann mir, wenn es herauskommt, ein Unglück zustoßen. Dann möchte ich wenigstens, daß meine Frau und meine Kinder noch etwas zum Leben haben." Aber bis jetzt, beruhigte er mich, sei alles gut gegangen. Er ließ sich von jedem Fluchtkandidaten mit Ehrenwort versprechen, den ausgehändigten Ausweis vom Postamt der Grenzstation aus sofort wieder zurückzusenden, damit der Paß auch anderen Flüchtlingen noch helfen konnte. Auch sollten immer nur zwei Flüchtlinge gemeinsam über die Grenze gehen, die sich nicht näher kannten.

Als ich einige Tage später wieder bei Herrn Strunck erschien, stellte er mir eine ältere Dame mit dem Namen Hertha Müller vor, die in Wirklichkeit Hertha Wachsmann hieß. Frau Wachsmann war eine aus Polen stammende Jüdin, die ihr Leben lang in Berlin gewohnt hatte. Bei der sogenannten „Polenaktion" im Oktober 1938 waren ihr Mann und zwei Söhne, die sich in Breslau auf Hachschara befanden, verhaftet und umgebracht worden. Sie blieb allein zurück, und es war beeindruckend, wie diese Frau nach allen Schicksalsschlägen noch die Kraft zum Untertauchen aufbrachte. Sie fristete ihr Leben getarnt als christliche Haushälterin, meistens bei einem Schneidermeister in Berlin. Es ist ein Wunder, wie diese korpulente, jüdisch aussehende und jiddisch sprechende Frau überhaupt durchgekommen ist; wir machten uns schnell bekannt und wurden bald vertraut miteinander.

Frau Wachsmann hatte sich ziemlich viel Geld zurücklegen können. Sie hatte bereits einen falschen Wehrmachtspaß von Herrn Strunck bekommen, der auf den Namen Hertha Müller ausgestellt war und sie als Funkerin bei der deutschen Luftwaffe auswies. Das war eigentlich äußerst unwahrscheinlich, aber tatsächlich wurden ja gegen Ende des Krieges alle möglichen weiblichen Hilfskräfte für militärische Aufgaben eingesetzt.

Ich besprach die Situation nun mit den Freunden. Wir waren uns einig, daß ich als erster den Weg ins Ausland antreten sollte, denn für mich als Ältesten der Chawerim waren die Schwierigkeiten des illegalen Lebens am größten geworden. Zum einen wegen meines militärpflichtigen Alters, denn ich machte mich als Deserteur verdächtig, zum anderen wegen der besonderen Schwierigkeiten, als Erwachsener noch ein Quartier zu finden. Vor allem aber, weil ich auf der Fahndungsliste stand, was die ganze Gruppe gefährdete. In der Schweiz sollte ich dann, falls alles gut ginge, Geld und Papiere auch für die übrigen Chawerim organisieren.

Frau Meyer hatte inzwischen erreichen können, daß die Bauern in Singen bereit waren, statt Bargeld meine vier Koffer mit Anzügen und Wäsche in Zahlung zu nehmen, denn solche Textilien besaßen damals einen großen Wert. So wurden die Koffer, die ich bei verschiedenenen Helfern aufbewahrt hatte, abgeholt und mit der Eisenbahn als Frachtgut nach Singen vorausgeschickt. Das Geld für den Paß wurde von anderen Helfern aufgebracht; Frau Dr. Abegg zum Beispiel stiftete mir einen wertvollen Ring.

Verantwortlich für die zurückgelassene Gruppe sollte nun Gad Beck sein, der Älteste der Chawerim, damals gerade zwanzig Jahre alt. Eifrig übernahm er die neue Verantwortung für den Chug Chaluzi. Er sollte gleichzeitig Verbindungsmann zwischen mir und der Gruppe, aber auch zu Herrn Strunck und Frau Meyer sein. Meine Abreise wurde nun auf den 10. 1. 1944 festgesetzt. Aber durch den Zwischenfall mit der Polizei in Nordhausen mußte ich mir zunächst noch einmal einen neuen Paß beschaffen, und so verzögerte sich die Abreise.

Am 12. Februar 1944 sollte ich zusammen mit Frau Wachsmann in Singen eintreffen. Ich reiste als „Ingenieur der Luftwaffe Werner Obst". Die Vorbereitungen nahmen einige Zeit in Anspruch, die ich zum Abschiednehmen nutzte. Es war ein schwerer Abschied, denn niemand wußte, ob meine Flucht gelingen würde, und wenn ja, ob die Zurückgebliebenen nachkommen könnten. Wichtig war auch die Frage, was ich mitnehmen sollte. Ich wollte doch wenigstens einige persönliche Dinge und möglichst viele Dokumente aus der Bundesarbeit mit hinübernehmen, denn es war ungewiß, was mit den zurückgelassenen Sachen geschehen würde. Andererseits konnte ich mich und die ganze Gruppe gefährden, wenn man Papiere, Zeugnisse und die Briefe aus dem Chug Chaluzi bei mir fand. Ich wagte es dennoch und entnahm aus meinen bescheidenen Besitzgütern Zeugnisse, Berichte aus der Bundestätigkeit, aus der Arbeit für die Jugend-Alija und die Jual-Schule, Briefe und Fotos. Etliches von dem, was ich nicht missen wollte, schrieb ich in ein Heft ab; alles zusammen kam in einen Briefumschlag, dieser in ein Reisenecessair, das Ganze danach in ein Seitenfach der Aktentasche, die mich in der illegalen Zeit immer begleitet hatte. Auch von meinem Bestand an Wäsche und Kleidung wählte ich die wichtigsten

Stücke aus; ich zog mich sehr dick an, um möglichst viel mitnehmen zu können: über die übliche Unterwäsche drei Hemden und zwei Pullover, ein Paar kurze und ein Paar lange Hosen, eine Jacke und einen dicken Wintermantel. Es war gar nicht leicht, sich in solcher Verpackung fortzubewegen, aber bei der Kälte war ich wenigstens genügend gewärmt.

Endlich nahte der Tag meiner Abreise. Arje Dawidowicz, der mir schon beim Übergang zur Illegalität beigestanden hatte, brachte mich zum Anhalter Bahnhof. Um 19.46 Uhr sollte der D-Zug abfahren, mit dem ich zunächst bis Augsburg reisen sollte. Wir verabschiedeten uns vor der Bahnhofssperre – vielleicht für immer. Wieder mußte ich an die Worte denken, die mir Rudi Bernstein beim Abschied aus dem legalen Leben geschrieben hatte.

Frau Wachsmann war bereits früh nach Singen abgereist, und wir hatten uns für den nächsten Morgen dort auf dem Bahnhof verabredet. Wäre einer von uns im Zug als Flüchtling geschnappt worden, so hätte der andere ebenfalls leicht in Gefahr geraten können, denn wir besaßen beide eine von Herrn Strunck angefertigte Bescheinigung mit der vorschriftsmäßigen Reiseerlaubnis. Der Zug war überfüllt. Bis Augsburg konnte sich kein Kontrollbeamter durch die Waggons hindurchzwängen. Aber eine Stunde nach der Abfahrt blieb der Zug auf offener Strecke stehen. Wir sahen durch die verdunkelten Fenster das Aufleuchten von Flakgeschützen und hörten Bombermaschinen über uns. Normalerweise fuhren die Züge bei Luftangriffen weiter, diesmal standen wir, es war offenbar ein schwerer Angriff; eine aufregende halbe Stunde. Ich stellte mir vor, wie schrecklich es doch wäre, so kurz vor der Freiheit noch umzukommen – und obendrein durch eine Bombe der Alliierten, unserer Befreier! Aber es passierte nichts, die Fahrt ging weiter, und völlig unbehelligt kam ich am frühen Morgen in Augsburg an, wo ich in den Zug nach Ulm umsteigen mußte. Während dieser Fahrt mußte ich meine Ausweispapiere vorzeigen, aber als der Beamte sah, daß er einen „Offizier der Luftwaffe" vor sich hatte, ging er höflich grüßend weiter. Ich war froh, die erste „Probe" ohne Unsicherheit überstanden zu haben.

In Ulm stieg ich zum zweiten Mal um. Es war jetzt taghell, und ich schaute gedankenvoll aus dem Fenster, kam ich doch hier nach sieben Jahren wieder an dem Ort Herrlingen vorbei, wo ich damals im jüdischen Landschulheim von Hugo Rosenthal recht glücklich gewesen war. Plötzlich legte sich eine schwere Hand auf meine Schulter. Ich wandte mich erschrocken um, und vor mir stand ein Beamter, der mit den Worten: „Heil Hitler, Ihre Papiere!" meinen Ausweis forderte. Ich weiß nicht, wie ich es schaffte, ruhig und gelassen zu bleiben und ihm ohne Zittern meinen Wehrmachtspaß zu überreichen, aber ich überstand auch das, und weitere Kontrollen erfolgten im Zug nicht mehr.

Während der Fahrt hatten mich ständig die Gedanken an Hertha Wachsmann gequält. War sie gut angekommen, hatte auch sie die Reise mit allen Kontrollen überstanden? War es ihr gelungen, die Bauern schon zu treffen und mit ihnen zu sprechen? Was hätte ich allein in einem fremden Grenzort tun sollen? Und was würde aus uns werden, wenn wir die Bauern verfehlten? Doch Hertha stand wohlbehalten auf dem Bahnsteig. Sie empfing mich freudig und niedergeschlagen zugleich: Sie hatte nämlich die Bekanntschaft mit den Bauern schon hergestellt, die sich aber weigerten, uns schon in der kommenden Nacht an die Grenze zu führen. Es war Schnee gefallen, und unsere gemeinsamen Fußspuren hätten den Rückweg der Bauern gefährden können. Außerdem mußten erst noch weiße Tücher und Laken beschafft werden, um unsere Gestalten in der hellen Winterlandschaft zu tarnen. Daher wollten uns die Bauern erst in der übernächsten Nacht an die Grenze bringen.

Welche Gefahr für uns, noch so lange in einem Grenzort zu warten. Es blieb uns nichts weiter übrig, als die nächsten 24 Stunden auf irgendeine Weise durchzubringen. Wir gingen durch die Straßen, mal in ein Caféhaus oder in ein Kino, doch ich kann mich nicht mehr entsinnen, was wir dort gesehen haben. Die Nacht mußten wir wohl oder übel in einem Gasthaus verbringen. Wir trennten uns wieder. Ich geleitete Hertha bis zu einem Hotel und fuhr dann die kurze Strecke nach Radolfzell am Bodensee, wo ich im Bahnhofshotel „Zur Sonne" Quartier nahm. „Zur Sonne" – welch ein verheißungsvoller Name. Aber wie unheimlich auch, ich kannte diese Gegend nicht und sah in der Abenddämmerung nichts als Nebel um mich her.

Es war bedrückend, daß die Gäste im Speisesaal sofort verstummten; sie hatten am Mantelrevers mein Wehrmachtsabzeichen gesehen und in der Manteltasche die SS-Zeitung „Schwarzes Korps“, die ich zur Tarnung bei mir trug. Ausgerechnet ich mußte diesen Menschen als Repräsentant des Nazi-Regimes erscheinen, als Befürworter eines Terror-Staates auftreten, von dem sie sich vielleicht schon längst losgesagt hatten. Denn in den letzten Kriegsjahren gab es unter der deutschen Bevölkerung immer mehr Menschen, die Kritik zu üben wagten, wenn sie sich unbeobachtet fühlten.

Ich hatte etwa sechs Stunden geschlafen, als ich mitten in der Nacht, um vier Uhr, durch starkes Klopfen an der Tür geweckt wurde. Noch ganz verschlafen rief ich: „Ja bitte, was gibt es?“ Mit scharfer Stimme kam die Antwort: „Gestapo, sofort öffnen!“ Mit Herzklopfen sprang ich aus dem Bett und konnte vor Schreck nichts anderes denken, als daß schon alles schiefgegangen sei und ich nun im letzten Moment noch entdeckt würde. Doch nach außen hin erwiderte ich mit einer mir unverständlichen Ruhe: „Sofort – bitte warten Sie, ich ziehe mich erst noch rasch an!“ Ich glaubte nämlich, mich angezogen sicherer zu fühlen und auch besser zu wirken. Vor allem hatte ich so auch noch einen Moment gewonnen, um meine Aktentasche mit allem verräterischen Inhalt unter das Bett zu schieben. Danach, mit raschem Griff, öffnete ich die Tür und sagte ebenso scharf: „Heil Hitler!“ Ich glaube bis heute, daß nur diese äußerste Verstellung mich in jener letzten Nacht auf deutschem Boden gerettet hat. Denn wenn ein „deutscher Offizier“ auch nachts um vier an nichts anderes als an seinen Führer dachte, so paßte das ins Bild: ins Bild der Menschen, die sich selbst zu einer Marionette machten, „gestählt“ und „gehärtet“ bis zur Unkenntlichkeit. So kalkulierte ich und behielt recht.

Der Gestapo-Beamte wies auf meinen Paß, den ich in der Portierloge abgegeben hatte, und fragte, ob ich Werner Obst sei. Dann wollte er wissen, was ich hier in Radolfzell zu tun hätte. Glücklicherweise hatte mich Frau Meyer auf solche Fragen vorbereitet, und so erwiderte ich ruhig: „Meine Familie in Berlin ist ausgebombt worden, daher will ich für meine Angehörigen hier ein Notquartier bei Bekannten, bei Bauern in der Umgebung, besorgen.“ Auf weitere Fragen konnte ich sogar den Namen und die Adresse eines bestimmten Bauern in einem kleinen Dorf bei Singen nennen, den ich am Tag zuvor noch aus dem Telefonbuch ermittelt hatte. „Ich habe aber den letzten Bahnanschluß dorthin verpaßt und übernachte hier in Radolfzell." Der Gestapo-Beamte begnügte sich damit und ließ mich in Ruhe. Ich schloß die Tür und legte mich wieder hin, konnte aber nicht mehr einschlafen, denn ich fürchtete jeden Moment eine weitere Nachprüfung. Andererseits durfte ich das Gasthaus nicht zu früh verlassen, denn diese Eile wäre erst recht verdächtig gewesen. Ich nahm also später in aller Ruhe noch meinen Frühstückskaffee ein, den ich mit den letzten „Wehrmachts-Zuteilungsmarken" bezahlte, und fuhr anschließend nach Singen zurück, um Frau Wachsmann abzuholen.

Erst am Abend konnten wir die beiden Bauern treffen, die uns nun, mit Rucksack und Stöcken als Bergwanderer verkleidet, begleiteten. Wir mußten mit einem Personenzug noch eine Stunde lang in einen anderen Ort fahren, wobei uns die Bauern durch das Fenster eine erhellte Linie zeigten: die Grenzlinie zur Schweiz. Sie war damals bis zehn Uhr abends beleuchtet. Wie sonderbar war dieser Anblick. Ich dachte an die Stelle im Buch der Tora, wo Moses vom Berg Nebo aus das ersehnte Land zwar noch sehen, es aber nicht mehr erreichen kann. Immer wieder hatte ich panische Angst, so kurz vor der Freiheit doch noch verhaftet zu werden. Auf dem Bahnhof in Beuren-Büßlingen angekommen, informierten uns die Bauern, daß wir nun einen Kilometer auf der Chaussee parallel zur Grenze zu laufen hätten, bis zum Dorf Büßlingen. Auf dieser Chaussee fände stets eine Kontrolle statt; wir sollten dann das auswendig Gelernte hersagen von einem Besuch bei jenem Bauern, wo wir Unterkunft für unsere Familie suchten. Frau Wachsmann hatte für solche Fälle als meine Tante – Tante Hertha – zu gelten. Diese Kontrolle blieb wunderbarerweise aus.

In Büßlingen wurden wir in die offene Scheune eines Bauernhauses geführt mit der Anweisung, dort zu warten, bis die beiden zurückkämen, denn sie selbst müßten jetzt erst einmal das Gebiet auskundschaften. Die halbe Stunde Wartezeit wurde uns zur Ewigkeit. Wir rührten uns nicht, wagten nicht zu sprechen oder zu husten, und bangten um die Rückkehr der Männer. Endlich Schritte – aber es gingen nur fremde Leute vorbei. Dann endlich doch die beiden

Bauern; sie bedeuteten uns, still hinter ihnen herzugehen. Wir tippelten durch den Schnee, und sie brachten uns bis zu einem tiefverschneiten Obstgarten. Hier überreichten wir den beiden auf ihre Aufforderung hin unsere Pässe zur Rücksendung nach Berlin. Sie zeigten uns genau die Richtung des kurzen Weges, den wir nun allein zu gehen hätten, und ermahnten uns, nicht zu sprechen und die weißen Leinentücher umzuhängen. Nach einer halben Stunde wären wir schon an der Grenze. Mit einem kurzen Gruß und Dank verabschiedeten wir uns von den Bauern und zogen los.

Zunächst mußte ein steiler Hang erklommen werden, da wir die Grenze am Berg überschreiten sollten. Auf halber Höhe – das deutsche Zollhaus lag bereits ein Stück unter uns, wir hörten in einiger Entfernung noch die Schritte des auf und ab patrouillierenden Postens – erklärte Hertha Wachsmann stöhnend, sie könne nicht mehr weiter. „Geh du allein. Du bist noch jung und wirst es schaffen. Ich aber habe nichts mehr zu verlieren." Ich war äußerst bestürzt, denn nie hätte ich es fertiggebracht, die Kameradin so kurz vor dem Ziel einfach im Stich zu lassen. Ich flüsterte ihr zu, daß sie jetzt nicht den Mut verlieren dürfe und daß sie sich unbedingt noch einmal aufraffen müsse. Während ich die ermattete Frau zu ermutigen suchte, beobachtete ich unentwegt den deutschen Grenzposten. Man hatte uns angewiesen, notfalls durch den Schnee zu kriechen, falls die Deutschen auf uns aufmerksam würden. Tatsächlich sank die schwere Frau nun in den Schnee ein. Ich zog und schob sie weiter, nahm ihr sämtliches Gepäck ab, das sie liegenlassen wollte. Mühselig schleppten wir uns weiter.

Grenzstraße und Zollhaus entschwanden unseren Blicken, und nach einer weiteren halben Stunde dachten wir an den Abstieg. Aber wir fürchteten, noch nicht auf Schweizer Boden zu sein, denn wir hatten oft gehört, daß Flüchtlinge, die sich schon in Sicherheit glaubten, sich an der unregelmäßig verlaufenden Grenzlinie verirrt hatten und wieder auf deutsches Gebiet zurückgeraten waren. Man hatte uns davor gewarnt, in der Schweiz zu nah an der Grenze zu bleiben, denn Hunderte von illegalen Grenzübergängern waren von Schweizer Offizieren den Deutschen wieder ausgeliefert worden. Allerdings wußten wir nicht, daß die Schweizer Öffentlichkeit inzwischen heftig gegen dieses Verfahren protestiert hatte und mit einer Auslieferung nicht mehr zu rechnen war. Es war spät, die Grenze abgedunkelt, und die ganze Umgebung lag in tiefer Finsternis.

Irgendwann sahen wir von ferne ein Dorf vor uns. Langsam stiegen wir hinab, kamen zu den ersten Häusern. Ich bat Hertha, hinter einem Baum zu warten, um mich erst selber zu orientieren. Vorsichtig ging ich an das erste Haus heran und fand dort zu meiner unbeschreiblichen Freude ein Plakat des Turnvereins „Helvetia" angeschlagen. Ich lief zu Hertha zurück, wir warfen die Leinentücher ab – wir standen auf Schweizer Boden und waren so glücklich, daß wir uns umarmten und küßten. Aus vollem Herzen sagte ich: „Gelobt sei Gott, der uns hat leben lassen und uns erhalten hat und uns erreichen ließ diese Zeit!" Wir weinten dann bitterlich in Gedanken an alle, die wir verloren hatten.

Hertha Wachsmann und ich gingen Arm in Arm durch die helle Mondnacht in den Ort Thayngen. Ich hatte mir bereits in Nordhausen aus einem Schulatlas eine kleine Skizze abgezeichnet, um mich in der Schweiz orientieren zu können. Auch einen Kompaß hatte ich bei mir. Wir waren zwar erleichtert, in der Schweiz zu sein, wollten aber noch in derselben Nacht über Schaffhausen in die Großstadt Zürich gelangen, um dort unter vielen Menschen besser untertauchen zu können. Wir hofften, daß dieses „Taucherleben" nicht lange dauern würde, und nahmen uns vor, in Zürich so bald wie möglich zur dortigen Jüdischen Gemeinde zu gehen.

Aber es kam alles ganz anders. Gegen Mitternacht waren wir in Thayngen und bekamen dort tatsächlich noch einen Zug nach Schaffhausen. Ich konnte gleich die 5-Franken-Note benutzen, die mir Herbert Warburg in Nordhausen gegeben hatte. Wir bestiegen die erste Eisenbahn in der Schweiz. Obwohl wir immer noch fürchteten, als Flüchtlinge erkannt zu werden, geschah nichts dergleichen. Wir wurden sogar mehrmals mit „Grüezi" freundlich gegrüßt und trotz unserer hochdeutschen Antwort „Guten Abend" von niemandem verdächtigt. Ein Schrecken durchfuhr uns, als zur Fahrkartenkontrolle ein Beamter in deutscher Uniform in den Wagen trat. Aber ich erinnerte mich dann, bei den Vorbereitungen zur Flucht in einem deutschen Kursbuch gelesen zu haben, daß die

Strecke Singen-Schleitheim, die durch den Kanton Schaffhausen führt, von der Deutschen Reichsbahn betrieben wird. Es war ein merkwürdiges Phänomen: Diese Strecke gehörte zum deutschen Hoheitsgebiet, während andererseits die Strecke der Schweizer Bundesbahn Schaffhausen-Eglisau-Zürich teilweise durch deutsches Gebiet führte. Sogar die Schweizer Juden mieden diese Strecke während der Hitlerzeit aus Furcht, dort von deutschen Beamten aus dem Zug geholt zu werden. Völkerrechtlich war dies zwar ganz ausgeschlossen, aber wie konnte man bei den Nazis Achtung vor völkerrechtlichen Vereinbarungen erwarten – im normalen Alltagsverkehr, nachdem sie Millionen von Menschen gegen das höchste Menschenrecht verfolgt und gemordet hatten.

Die Billettkontrolle hatten wir hinter uns, da gab es gleich den nächsten Schreck: In Schaffhausen stellte sich heraus, daß ein Zug nach Zürich erst am nächsten Morgen fuhr. Da der Wartesaal des Bahnhofs abgeschlossen wurde, wollten wir den Rest der Nacht in einer Straßenbahnwartehalle vor dem Bahnhof verbringen. So oft hatten wir eine „Straßennacht“ überstanden, sagten wir uns, das konnten wir nun auch hier.

Aber wir hatten falsch gedacht. Wir hatten nicht mit der braven Bürgerlichkeit einer Schweizer Kleinstadt gerechnet, deren Straßen am Abend wie ausgestorben sind. Schon nach wenigen Minuten kam ein Polizist auf uns zu und fragte , was wir hier noch machten. Ich antwortete, in reinstem Hochdeutsch natürlich: „Wir sind aus Zürich, haben den letzten Zug versäumt und warten jetzt hier auf den nächsten“. Aber welcher Schweizer würde in der Wartehalle eines Bahnhofs übernachten? Der Mann glaubte uns also nicht und erwiderte ironisch: „Ich werd’ euch schon ein Nachtquartier zeigen!“ Er brachte uns auf die städtische Polizeiwache, wo wir in barschem Ton verhört wurden. Wir versuchten, unsere Situation zu erklären, zeigten unsere jüdischen Kennkarten; aber die Lüge, zu der wir gegriffen hatten, wurde uns scharf vorgehalten, und man zweifelte nun auch an der Wahrheit. Es wurde uns alles abgenommen wie verhafteten Verbrechern, man nahm unsere Fingerabdrücke und fotografierte uns. Dann kam jeder in eine karge Zelle, und ich hörte nur noch Herthas Weinen.

Das war also unsere Aufnahme in die Schweiz. Welch bittere Enttäuschung, jetzt in einer dunklen Zelle zu sitzen, in der furchtbaren Angst, an die deutschen Behörden ausgeliefert zu werden, wie man es uns angedroht hatte.

Wir saßen einige Tage im städtischen Gefängnis und wurden dann unter Polizeibewachung in das Kantonsgefängnis von Schaffhausen überführt. Wieder die gleiche Prozedur: Fragen, Verhöre, das Essen durch die Luke – wir blieben hinter Schloß und Riegel. Am meisten erregte mich die Frage: „Weshalb sind Sie hierhergekommen?" Ich habe nicht begriffen, wie eine solche Frage möglich war. Nebenan das Dritte Reich – hier diese Frage. Und das im Jahr 1944.

Wir fürchteten jeden Moment unsere Auslieferung, denn wir wußten noch nicht, und man sagte uns auch nicht, daß die schweizerische „Rückstellungspraxis" durch das Einwirken der Presse, der Kirchen und einzelner Politiker inzwischen zurückgenommen worden war.

Am nächsten Nachmittag aber öffnete sich die Zellentür, und herein kam ein kleiner, älterer Herr, der freundlich lachte und zwei große Tüten mit Orangen in der Hand hatte. „Mein Name ist Gideon", sagte er, „ich bin Präsident der Jüdischen Cultusgemeinde Schaffhausen." Er war geschickt worden, um zu prüfen, ob wir wirklich Juden waren. Mit ihm konnte ich frei und offen sprechen und natürlich jeden Zweifel ausräumen. Herr Gideon ging noch einmal fort, um uns dann am Abend für zwei Stunden zu einem Essen abzuholen, dem ersten richtigen Essen nach Jahren, in einem Restaurant. Der Stadtpräsident von Schaffhausen, Herr Bringolf, hatte dazu eingeladen und kam persönlich.

Er entschuldigte sich im Namen des Schweizer Volkes für die Unbill, die uns von seiten der Behörden widerfahren war und erklärte uns auch, wieso es dazu kam: „Wir konnten uns hier in der Schweiz nach allem, was man von den Vorgängen in Deutschland gehört und gelesen hat, nicht vorstellen, daß Juden dort überhaupt noch existieren; um so weniger, daß es einem von ihnen gelingen könnte, lebendig aus Deutschland herauszukommen." Es war ein beeindruckendes Gespräch, und wir wußten nun endlich: Uns kann nichts mehr passieren.

Am nächsten Tag wurden wir aus dem Gefängnis entlassen und in das Flüchtlingslager Ringlikon auf dem Uetli-Berg bei Zürich gebracht. Wir mußten in Zürich umsteigen und eine halbe Stunde bis zum Vorortbahnhof Selnau durch die Stadt laufen. Für Hertha und mich war dieser Fußweg wie ein Gang durch das Paradies: nirgends eine Ruine, nicht ein zerschossenes oder ausgebombtes Haus, gepflegte Straßen, gut angezogene Menschen, beleuchtete Läden, Kioske voll mit Obst.

Im Flüchtlingslager war es eng und bedrückend, aber wir waren in Sicherheit. Ich wurde wegen meiner körperlichen Schwäche zu leichten Arbeiten in der Poststelle eingeteilt. Einige liebe Menschen wie der Soldat Alois Gutzow, mit dem ich lange Schlittenfahrten zur Poststation unternahm, und Walter Günthard, ein Bewachungssoldat, halfen mir über das Schlimmste hinweg. Durch Günthard konnte ich noch eine Nachricht an Nathan Schwalb, den Mittelsmann des Hechaluz in Genf, übermitteln. Dann brach ich vor Erschöpfung zusammen.

Neubeginn in der Schweiz

Einige Tage später rief man mich ins Büro des Lagerleiters. Bewegt stürzten dort zwei Menschen auf mich zu, die mich umarmten und küßten: Es waren Nathan Schwalb, den ich bisher nicht persönlich kannte, und mein alter Bundes-Chawer Hans Jacob aus Deutschland, der schon mehrere Jahre in der Schweiz lebte. Die Fragen der beiden wollten kein Ende nehmen, und ich erfuhr nun von Nathans jahrelangen Bemühungen, unsere Gefährten aus Nazi-Deutschland herauszuholen.

Ich hörte, daß er sich schon seit 1941 viele Male schriftlich an Alfred Selbiger gewandt hatte, um mit ihm wegen großzügiger Rettungsaktionen in Verbindung zu treten. Von diesen Versuchen hatten wir nie etwas erfahren, auch zu mir hatte Alfred nicht davon gesprochen. Ich war sehr enttäuscht darüber, versuchte aber auch zu verstehen, wie groß die Verantwortung für solche Unternehmungen gewesen wäre und daß Alfred sich nicht dazu entschließen konnte.

Nathan, so erfuhr ich jetzt, hatte dennoch vorgearbeitet. Er hatte mit Hilfe von Diplomatenpost und speziellen Kurieren eine Verbindung zu fast allen chaluzischen Bewegungen im besetzten Europa hergestellt und versucht, Möglichkeiten der Flucht zu organisieren. Aber auch im Genfer Hechaluz hatte man inzwischen nicht mehr geglaubt, daß wir noch am Leben seien.

Nun ging es vor allem darum, unseren Chawerim in Berlin zu helfen. Ich stellte eine Liste aller Mitglieder des Chug Chaluzi zusammen und gab Nathan Gad Becks Adresse, der ja jetzt die Gruppe leitete. Ich erklärte ihm, inwieweit dort schon Vorbereitungen zur Flucht getroffen waren, und Nathan versprach zu meiner großen Freude, sofort Kontakt mit Gad aufzunehmen und größere Geldsummen nach Berlin zu senden. Er wollte auch die Adressen weiterer jüdischer Menschen wissen, die noch in Deutschland lebten, denn er sah es als seine Aufgabe an, jeden zu retten, wo immer dies noch möglich war. Zudem wollte er alles tun, um Hertha Wachsmann und mich aus dem Flüchtlingslager herauszubekommen.

So hatte ich nun neuen Auftrieb und teilte vielen mir bekannten Menschen in der Schweiz meine Ankunft mit. Ich schrieb an unseren alten Bundes-Chawer, Dr. Lothar Rothschild, der jetzt in St. Gallen Rabbiner war; an meinen ehemaligen Lehrer Elias Gut aus dem Kölner Lehrerseminar, der pensioniert in Basel lebte; ich schrieb schließlich auch an eine Schwester von Ewo, die im Tessin wohnte. Von allen Seiten bekam ich freudige Antworten. Aus Genf kamen Pakete mit Süßigkeiten und anderen guten Dingen an. Eine ganz besondere Freude war es, daß bald die ersten Grüße aus Palästina für mich eintrafen. Nathan hatte dorthin von meiner Flucht berichtet, und so sandten mir alte Bundesgefährten und frühere Schüler jetzt rührende Briefe. Sie wurden über das Büro des Hechaluz in Istanbul geleitet, das die Verbindung zwischen Europa und Palästina aufrechterhielt.

Arthur Akiva Lewinski, der dort tätig war, sandte mir ein persönliches Begleitschreiben, Akiva, der unser Kadima-Lied verfaßt hatte, das wir so gern und oft gesungen hatten, und das besonders auch Ewo in den schwersten Zeiten noch Lebensmut gegeben hatte. Was konnten wir nun von hier aus für Ewo tun? Nathan hatte die Möglichkeit, bei der Botschaft von San Salvador eine Urkunde zu besorgen, die bescheinigte, daß Ewo eine Angehörige dieses mittelamerikanischen Staates war. Mit einem Paßbild von ihr, das ich bei meiner Flucht mitgenommen hatte, konnten wir diese Bescheinigung perfekt ausstellen. Nathan schickte das Zertifikat durch Kurierpost an Ewos Mutter; sie sollte versuchen, Ewo mit Hinweis auf die „neue" Staatsangehörigkeit aus dem Zuchthaus freizubekommen. Die Urkunde kam in Berlin an, aber die Mutter hatte nicht mehr den Mut, sie einzureichen. Aus Furcht und aus der Überlegung heraus, daß die Gestapo es Ewo um so mehr entgelten lassen würde, wenn sie das Manöver durchschaute, hielt sie die Papiere zurück. Das erfuhren wir später von Ewo selbst, die im April 1945 von Amerikanern aus dem Zuchthaus in Lippstadt befreit wurde.

Was aber wurde aus den zurückgelassenen Freunden in Berlin? Nathan hielt sein Versprechen, und es gelang ihm schnell, mit Gad in Verbindung zu treten. So dauerte es nicht allzulange, daß Nathan

In Freiheit.
Mit Nathan Schwalb aus dem Genfer Büro des Hechaluz.

Nathan nahm sofort Verbindung zu der Gruppe in Berlin auf.

Was konnten wir für Ewo tun?
Aus einer gefälschten Nationalitätsbescheinigung für Edith Wolff.

mir strahlend die ersten Antwortschreiben aus Berlin überbrachte. Die Gelder waren dort eingetroffen, und die Papiere für die ersten beiden aus der Gruppe, die mir nachfolgen sollten, waren an Unteroffizier Strunck in Auftrag gegeben worden. Eine spätere Nachricht kündigte das Eintreffen dieser beiden Flüchtlinge für den August 1944 an. Mit Spannung erwarteten wir nun diese Zeit. Wir hofften täglich auf weitere Mitteilungen, aber wir warteten vergeblich – einen ganzen Monat lang. Niemand kam aus Berlin, und es traf auch keine Post mehr ein. Erst viele Wochen später erfuhren wir, daß zwar alle Chawerim am Leben seien, daß aber für eine Flucht keine Aussichten mehr bestünden.

Folgendes war geschehen: Entsprechend den Wünschen und Anweisungen von Schwalb hatte Gad nicht nur die Mitglieder des Chug Chaluzi, sondern auch andere Untergetauchte in die Fluchtpläne einbezogen. Als erste sollten zwei Frauen, die mit den notwendigen Papieren schon ausgerüstet waren, die Reise antreten. Aber bei den Kontrollen in der Eisenbahn hatten sie den Fragen der Beamten nicht standgehalten. Sie waren unsicher geworden und wurden verhaftet. Danach wurde auch Strunck selbst gefaßt und zum Tode verurteilt. Auch Frau Meyer aus dem Grunewald, die ja unsere Verbindung zu Strunck hergestellt hatte, kam noch in ein Gefängnis, wurde aber wie Ewo bei Kriegsschluß befreit.

Die Chawerim hatten nach und nach durch Mittelspersonen im Lager der Großen Hamburger Straße von der mißlungenen Flucht und den nachfolgenden Verhaftungen erfahren. Sie waren nun in einer ausweglosen Situation, aber Nathan Schwalb ließ die Verbindung mit der Berliner Gruppe nicht mehr abbrechen. Er unterstützte sie weiter mit erheblichen Geldsendungen, und so konnte die schwierige Situation der einzelnen noch in mancher Hinsicht erleichtert werden. Die täglichen Gefahren wuchsen zwar mit den verstärkten Luftangriffen auf Berlin, im allgemeinen Chaos der Zerstörungen lösten sich aber auch die politischen Strukturen und ihre Zwangsapparate allmählich auf. Freunde wie Gad und Miriam, die am Ende noch einen Gefängnisaufenthalt durchzumachen hatten, waren daher nicht mehr ernstlich gefährdet. So konnten alle Mädchen und Jungen aus dem Chug Chaluzi, die ich in Berlin zurückgelassen hatte, das Ende des Dritten Reiches erleben. Ich kann gar nicht sagen, wie wichtig diese Gewißheit bis heute für mich ist. Es hat mich während und nach meiner Flucht schwer belastet, daß ich aus Deutschland flüchten mußte, ohne zu wissen, was mit den anderen geschehen würde.

Sie sind also alle durchgekommen, aber die ersten Jahre nach Kriegsende waren schwer. Einige aus unserer Gruppe hielten es in Deutschland nicht mehr aus. Sie hatten nicht die Geduld, die damals von seiten Englands noch sehr erschwerte und daher nur illegal mögliche Einwanderung nach Palästina abzuwarten. Sie nutzten die erstbeste Möglichkeit, nach den Vereinigten Staaten auszuwandern. Andere erreichten jedoch das Ziel unserer Sehnsucht, das Land Israel, in den allerschwersten Zeiten. Als freie jüdische Staatsbürger haben sie sich dort eingelebt: Gad Beck (der inzwischen wieder nach Berlin übergesiedelt ist), Miriam und Zwi Abrahamsohn in Cholon bei Tel-Aviv; Günther Arje Dawidowicz, Margot Feiweles, Ewo und ich leben inzwischen in Haifa.

Doch zunächst noch einmal zurück in die Schweiz. Nathan tat alles, um mich mit Hilfe einer Chawera aus Zürich, Cecil Bannai, als Student an der Zürcher Universität unterzubringen. Als dies gelang, kam ich aus dem Lager heraus, und für mich war es die schönste Erfüllung meiner Wünsche, endlich „richtig“ studieren zu dürfen und Lehrer an höheren Schulen zu werden.

Obwohl unsere „jüdische Hast“ vom Sekretär in der Universitätskanzlei kritisiert wurde, gelang es, daß ich schon im Sommer 1944 mein Studium der Geschichte, Geographie und Pädagogik in Zürich beginnen konnte. Da ich älter war als die anderen Studenten und besondere Erfahrungen und Kenntnisse mitbrachte, achteten mich manche Professoren sehr. Sie kamen mir in vielem entgegen. Einer meiner Geschichtsprofessoren allerdings, ein getaufter Jude, der jede Beziehung zum Judentum ablehnte, weigerte sich, mit mir zur Zeit des Examens 1949 über die Gründung des Staates Israel zu sprechen. Stattdessen prüfte er mich eingehend über die englische Geschichte zur Zeit Elisabeths I., fragte immer wieder nach Jahreszahlen und Namen, die ich nicht kannte. Professor von Muralt aus einem alten Schweizer Geschlecht, der zum Prüfungskollegium gehörte, griff schließlich ein und sagte: „Meine Herren, dieser Mann hat mehr Geschichte erlebt, als wir je erlernen können.“ Er prüfte großzügiger, und ich bestand mein Examen. Kurz darauf wurde ich in der „Israelitischen Cultusgemeinde Zürich" als Lehrer angestellt.

Schon während des Studiums übernahm ich auch erzieherische Aufgaben. Ich konnte nach dem Erlebten nicht einfach ruhig dasitzen und studieren. Mit Dr. Josef Kratzenstein und seiner Frau Rahel gründete ich schon im Herbst 1944 in einem Herbstlager in Lugano den zionistischen „Bund Jüdischer Pfadfinder der Schweiz" (BIP), denn ich hatte erkannt, wie wertvoll die bündische Gemeinschaftserziehung war, ja daß viele der Kenntnisse und Fähigkeiten, die uns zum Überleben geholfen hatten, aus dieser Erziehung stammten.

Die jüdisch-zionistische Pfadfinderarbeit war für die Schweiz neu, und so erlebten wir nicht immer Zustimmung in den jüdischen Gemeinden. Aber nach meinen Erfahrungen in Deutschland konnte ich nicht anders, als die dort begonnene zionistische Jugendarbeit nun auch hier fortzusetzen. Wir hatten sehr schöne Lager im Sommer und im Winter. Dabei haben wir manches Neue geschaffen: Öffentliche Seder-Abende für die Kinder, ihre Eltern und jeden, der kommen wollte. Wir haben in den Sommerlagern Bar-Mizwa gefeiert, und in Zürich haben wir an Schawuot die Lern-Nacht eingeführt, in der wir bis zum Morgen lernten, wie ich es in der Gemeinde von Dr. Carlebach in Berlin erlebt hatte. Wir nahmen auch Verbindung mit der Pfadfinderbewegung in Israel auf, Gäste brachten uns von dort die „Luft des Landes" mit, wenn sie uns neue Tänze und Lieder beibrachten. Viele unserer Schweizer Kinder sind auf diese Weise nach Israel gekommen.

In dieser Zeit habe ich noch einmal einen neuen Namen bekommen, den Freunde heute gern benutzen. Als wir mit der Pfadfindergruppe die Zickzack-Wege (Serpentinen) eines Berges hochkletterten, rief jemand – in Anlehnung an meinen Namen Jizchak – „Zickzack"; es sprach sich herum, und ich hatte von da an diesen Spitznamen, der später zu „Zick" verkürzt wurde.

Die Schatten des Krieges und des Nazi-Terrors holten mich noch einmal ein. Im Jahr 1946 beauftragte mich der „Schweizerische Israelitische Gemeindebund", eine Gruppe jüdischer Kinder aus dem Lager Bergen-Belsen zu übernehmen, die nach Kriegsschluß in die Schweiz geholt worden waren. Es waren Kinder aus Polen,

Kinder des OSE-Heims auf dem Weg zur Schweizer Grenze. 1948.

Bar-Mizwa-Feier in einem Sommerlager in der Schweiz. 1944.

deren Eltern von den Nazis ermordet worden waren. Die Kinder hatten versteckt bei polnischen Arbeitern gelebt, sich mit geflüchteten Erwachsenen als „Partisanen“ durchgeschlagen und in den Wäldern verborgen gehalten. Im Durchgangslager Bergen-Belsen hatten sie nach Kriegsende noch weiter unter äußerst schlechten Bedingungen leben müssen. Diese Kinder, die ein normales Leben nie kennengelernt hatten, sollten nun in der Schweiz Erholung finden.

Zunächst hatte sie der Schweizerische Israelitische Gemeindebund in ein jüdisches Kinderheim bei St. Gallen eingewiesen; aber es war dort einfach nicht möglich, mit den gänzlich verwahrlosten und verstörten Kindern fertig zu werden. Sie randalierten im Haus, zerbrachen das Geschirr, schlugen Fensterscheiben ein und stahlen aus den Gärten das Obst der Bauern. So sah sich der Gemeindebund gezwungen, die Kinder wieder aus dem Heim zu nehmen und bat mich, sie nach eigenem Ermessen zu betreuen. Zu diesem Zweck erhielt ich eine beträchtliche Geldsumme, mußte alles übrige jedoch selbst organisieren.

Ich konnte zwei vertraute Menschen zur Mitarbeit gewinnen: Trude Simonsohn, deren Mann, Dr. Berthold Simonsohn, ich schon aus Deutschland durch die Bundesarbeit kannte, und die beide das KZ Theresienstadt überlebt hatten, und Hertha Wachsmann, meine Weggefährtin bei der Flucht. Wir mieteten eine Jugendherberge bei Wädenswil am Zürisee und zogen dort mit 16 Kindern zwischen zwölf und vierzehn Jahren ein. Mit ihnen sprachen wir von vornherein nur jiddisch, so gut es ging. Es hatte sich nämlich herausgestellt, daß die Kinder, die nie Geographie gelernt hatten, wegen der deutschen Sprache in der Schweiz immer noch glaubten, sich im verhaßten Deutschland zu befinden, und wohl auch aus diesem Grund betont aufsässig waren.

Das alltägliche Verhalten der Kinder war erschütternd. Sie zogen sich anfangs für die Nacht nicht aus, sondern blieben auf ihren mitgebrachten Köfferchen sitzen, um zu schlafen, immer noch in der Befürchtung, daß sie weggeschleppt oder ihre Sachen ihnen jäh entrissen werden könnten. Jede Arbeitsleistung, jede bloße Mithilfe in der Gemeinschaft lehnten sie hartnäckig ab. Wenn wir sie baten, das Geschirr zu spülen oder die Betten zu machen, war ihre Antwort: „Das sollen die Gojim (Nichtjuden) für uns tun!“

Eines Tages fanden wir eine Erklärung für ihr abwehrendes Verhalten: Beim Verbrennen alter Zeitungen und Lumpen sahen wir, wie die Kinder plötzlich voller Zorn mit Stöcken und Hölzern auf eine illustrierte Zeitschrift losgingen, um das Blatt in Fetzen zu schlagen. Auf dem Umschlag war ein Hitler-Bild. „Der Mörder unserer Eltern!" schrien sie.

Es war eine schwere Arbeit. Allmählich aber gelang es, durch Liebe und Verständnis das Zutrauen der Kinder zu gewinnen. Natürlich gab es zwischendurch auch Rückfälle. So weigerten sich die Kinder eines Tages, die angesammelten Kartoffelschalen aus der Küche zu einem nahegelegenen Bauernhof zu bringen, wo sie an Schweine verfüttert werden konnten. Es blieb uns daher nichts weiter übrig, als es wieder selbst zu tun. Trude und ich schleppten also mehrere Eimer mit Kartoffelschalen den Berg hinab. Erst schauten die Kinder nur zu. Dann aber kam eines nach dem anderen mit dem Vorschlag zu helfen. Als wir später den Handwagen, voll mit eingekauften Lebensmitteln, den Berg wieder hinaufschoben, half uns eine alte Bäuerin, die wir unterwegs getroffen hatten. Die Kinder fragten staunend: „Das ist doch aber eine Goje (Nichtjüdin) – trotzdem hilft sie uns?" Nach dieser Erfahrung, über die wir noch miteinander sprachen, war das Eis gebrochen. Die Kinder lernten allmählich, wieder Vertrauen zu anderen Menschen zu fassen und in einer Gemeinschaft zu leben. Nicht zuletzt die Freundlichkeit und die Hilfsbereitschaft der Schweizer Bergbevölkerung halfen dabei.

1948 übernahm ich eine ähnliche Aufgabe: die Leitung eines Kinderheims der OSE, der internationalen jüdischen Organisation für Gesundheitspflege und Kinderschutz, in Adelboden im Berner Oberland. Für drei Monate konnten hier jeweils 80 Kinder im Alter von 6-15 Jahren leben, um sich körperlich und seelisch von den Strapazen der Nazi-Jahre zu erholen. Es waren Kinder aus den kriegszerstörten Nachbarländern, die meisten aus Österreich, einige auch aus Deutschland, Polen, der Tschechoslowakei. Sie galten als „displaced persons", als Menschen, die noch keine neue Heimat gefunden hatten. Viele von ihnen konnten wir für ein positives Judentum gewinnen; teilweise sind sie nach ihrer Rückkehr in den Heimatort zionistischen Jugendbünden beigetreten, und manche sind später nach Israel gegangen.

Schon in der Schweiz hatte ich begonnen, die ersten Kapitel dieses Buches zu entwerfen, doch dann blieb die Arbeit zunächst liegen. Erst in Israel konnten Ewo und ich gemeinsam daran weiterarbeiten. Aber schon in der Schweizer Zeit mußte ich etwas niederschreiben, und so entstand ein Theaterstück in fünf Akten, das unsere Erlebnisse in Deutschland schildert. Es wurde 1957 in Zürich von Kindern unseres Schweizerischen Pfadfinderbundes aufgeführt. Ich gab dem Stück, das inzwischen ins Hebräische übersetzt worden ist, den Titel „Aus der Dunkelheit zum Großen Licht" aus der Liturgie des Seder-Abends. Der erste Akt spielt in einem Ferienlager im Jahr 1932; der zweite schildert, was am 10. November 1938 nach der „Kristallnacht" im Büro der Bundesleitung beschlossen wurde. Der dritte Akt handelt von unserem Entschluß, trotz allem mit Hilfe weniger aufrechter Berliner weiterzuarbeiten. Im vierten Akt trifft sich unsere illegale jüdische Jugendgruppe auf einem Dachboden in Berlin. Der fünfte Akt schildert, wie der Rest der Gruppe im Untergrund das Chanukka-Fest feiert, in einem Keller versteckt. Und dann wußte ich nicht, wie ich schließen sollte. So endet der fünfte Akt mit einer Vision: Während die Gruppe noch verzweifelt im Keller sitzt, geht der hintere Bühnenvorhang hoch, und Menschen in weißen Hemden treten ins Licht: die „Künder der Zukunft", des neuen Lebens in Palästina.

Am 14. Mai 1948 wurde der Staat Israel gegründet. So sehr mich die vielfältige Arbeit in der Schweiz auch in Anspruch nahm, wuchs doch der Gedanke, nun endlich auch selbst „ins Land" zu gehen. Ewo, die 1950 in die Schweiz kam, dachte ähnlich. Schon als ich im Sommer 1948 auf die Zürcher Fremdenpolizei kam, um die Aufenthaltserlaubnis noch einmal verlängern zu lassen, meinte der Beamte: „Was machen Sie denn immer noch hier? Die Juden haben doch jetzt ein Heimatland!" Wie oft bei solchen Äußerungen reagierte ich zunächst empfindlich. Aber: Der Mann hatte recht.

In Israel: Zwischen den Welten

Der Entschluß fiel mir nicht leicht. Ich wußte, daß das Leben in Palästina, in Israel, schwer sein würde – wie die Tora sagt: „ein Land, das seine Einwohner auffrißt". Aber es war ja das Land, für das ich mein ganzes Leben gearbeitet hatte. Dann bekam ich Briefe von ehemaligen Schülern: „Komm nicht hierher! Als Lehrer wirst Du mit dieser Jugend nicht fertig. Die Schüler werden Dir auf dem Kopf 'rumtanzen." Das Gegenteil war später der Fall, doch jetzt nahm ich diese Warnungen ernst, wußte ich doch, wie sehr ich als „alter Preuße" auf Ordnung und Disziplin achtete. Ich kannte die Witze, die über uns „Jeckes" in Israel erzählt wurden. Zudem sagte mir Leo Levy, der Vorsitzende der Gemeinde Diessenhofen bei Schaffhausen, in der ich an allen Feiertagen predigte: „Du hast schon so viel erlebt, das reicht für ein Menschenleben. Du kannst hierbleiben." Aber ich fragte mich damals und frage mich heute noch: Warum hast du überlebt und so unendlich viele andere nicht? Warum nur du und wenige andere? Viel später, bei meinem ersten Besuch in Berlin 1979, hat der ehemalige Berliner Gemeinderabbiner Dr. Salomonski dies in einem Gottesdienst in der Synagoge Pestalozzistraße so ausgedrückt: „Wir wissen keine Antwort auf die Frage nach dem Warum. Aber wir Überlebenden haben die Verpflichtung, mehr zu leisten als andere Menschen." Schon in der Schweiz empfand ich so – ich fühlte mich verpflichtet, beim Aufbau unseres Landes mitzuhelfen, und diese Verpflichtung führte mich 1953 zur Alija nach Erez Israel.

Ich kam mit dem Schiff in Haifa an und erinnere mich noch an die Seereise, als über Lautsprecher mitgeteilt wurde: „Jetzt kommt ein Schiff der israelischen Marine vorbei." Alle liefen an Deck – weiß gekleidete Matrosen grüßten uns. Eine Frau neben mir fing an zu weinen. Ich fragte: „Warum weinen Sie?" Da entblößte sie ihren

Arm und zeigte mir die eingebrannte Nummer aus dem KZ Auschwitz. Als sie wieder sprechen konnte, sagte sie: „Ich weine aus Freude, daß wir jetzt nicht mehr schutzlos sind.“

Ich hatte es leicht, mich in Israel zurechtzufinden. Bei der Ankunft erwartete mich ein Vertreter von Chanoch Renot (Chanoch Reinhold, mein früherer Jugendführer aus Berlin), der jetzt die Jugend-Alija in Jerusalem leitete. Zwi Scherf war da, einer der in Adelboden betreuten Jungen, nun Sekretär des Kibbuz Hulda, und auch mein Zürcher Pflegesohn Zwi Dzialoczynski. Schon wenige Tage darauf nahm ich meine Arbeit als Lehrer in der Reali-Schule auf, im Volksmund „Biram-Schule“ genannt nach dem Gründer dieser ersten höheren Schule in Haifa. Der stellvertretende Direktor, Arje Kroch, war „Chief-Scout“ der israelischen Pfadfinder. Wir wurden gute Freunde.

Da ich schon früh Hebräisch gelernt und in Deutschland und in der Schweiz Hebräisch unterrichtet hatte, fiel mir der Unterricht in dieser Sprache nicht übermäßig schwer, wenn auch das tägliche Sprechen zunächst noch ungewohnt war. Entgegen der Warnung, die ich in der Schweiz über die israelischen Schüler erhalten hatte, waren sie äußerst hilfsbereit. Einige „führten Buch“ über jeden Fehler, den ich machte, und sie lehrten mich jedes Wort, das ich noch nicht kannte, in korrektem Ivrit. So hatten beide Seiten ihre Hausaufgaben.

Die Schule in Haifa hat mir das Einleben sehr erleichtert. Ich brauchte in den ersten Wochen nur wenige Stunden zu unterrichten, so daß ich mich gründlich darauf vorbereiten konnte, bis ich wirklich im Lande zu Hause war. Noch heute arbeite ich an dieser Schule in der Lehrbücher-Verwaltung; so behalte ich den Kontakt zu Kollegen, Schülern und zum Schulleben überhaupt.

Während der 35 Jahre, die ich jetzt in Israel lebe, arbeitete ich als Dozent für jüdische Geschichte auch an der Landes-Polizeischule. Die jungen Israelis, die als Polizisten ein schweres Amt haben, sollten wissen, warum sie dies tun. Zudem gab ich Vorbereitungskurse zum Abitur in Geschichte für Polizei-Anwärter, vor allem für solche aus s’fardischen Familien, die bis dahin keine andere Möglichkeit hatten, einen Schulabschluß zu erlangen. Ähnliche Kurse gab ich an der Militärschule des Nordbezirks.

Als ich nach Israel kam, wurde ich gefragt: „Sind Sie bereit, im Militär zu unterrichten? Sind Sie bereit, in dieser Form Ihren eigenen Militärdienst abzuleisten?“ Ich antwortete: „Macht mit mir, was Ihr wollt und was nötig ist.“ Und doch war es ein Glück, daß ich als Lehrer beim Militär arbeiten durfte. So habe ich nie eine Waffe in die Hand nehmen müssen; in Deutschland war ich „des Wehrdienstes unwürdig“, in der Schweiz war ich Flüchtling, in Israel konnte ich Lehrer bleiben. Ich bin dafür sehr dankbar. Es war mir immer bewußt, daß andere an meiner Stelle für mich und unser Land kämpfen mußten. Aber es belastet mich heute auch, daß Israel – so – nicht das geworden ist, was wir uns einmal vorgestellt hatten. Das Land hat sich seit dem Aufbau, seit der Verwandlung der „Wüste in einen blühenden Garten“ verändert – gesellschaftlich, moralisch, wirtschaftlich. Wie bedrückend ist vor allem der ungelöste jüdisch-arabische Konflikt. Ich mußte Kriege miterleben und Schüler begraben, die für unser Überleben gefallen sind. Auch die Auseinandersetzungen zwischen orthodoxen und liberalen oder freidenkenden Juden belasten mich.

Viele deutsche Juden lebten sich nur langsam in Israel ein und haben die hebräische Sprache nie richtig gelernt. Es gab anfangs noch keine Ulpanim (Sprachkurse für Neu-Einwanderer), und die wirtschaftlichen Verhältnisse waren insgesamt sehr schwierig. Frauen, die in Deutschland eine große Wohnung besessen hatten, arbeiteten nun hier als Putzfrauen; Ärzte wie mein Onkel Dr. Jacobi aus Hamburg machten eine Hühner-Farm auf oder arbeiteten beim Straßenbau, und so erging es vielen. Gerade für die assimilierten, bürgerlichen Juden aus Deutschland war das eine harte Erfahrung. Hinzu kommt, daß viele nur notgedrungen nach Palästina/Israel ausgewandert sind. Sie hingen mit ihrem ganzen Herzen an Deutschland, an der deutschen Sprache und Kultur, sie waren keine Zionisten. Ich begann bald nach meiner Einwanderung mit Vorträgen in Organisationen wie dem „Verband ehemaliger Kölner und Rheinländer“ in Haifa, in Clubs und in Altenheimen deutscher Juden. Daneben habe ich in einer deutschsprachigen Gemeinde in Haifa, die von Rabbiner Dr. Elk aus Stettin gegründet wurde, wieder das Amt des Predigers und Vorbeters übernommen, wie ich es schon in Berlin neben meiner pädagogischen Arbeit übernommen hatte. So ist Deutsch, meine Muttersprache, mir nie fremdgeworden.

Sehr früh wurde mir das Problem des „zweiten Israel" bewußt. Gerade in Haifa und überhaupt im Norden leben sehr viele aus den arabischen Ländern eingewanderte S'fardim (orientalische Juden), die große Integrationsprobleme in den neuen israelischen Staat hatten und haben, weil dieser Staat in seiner gesellschaftlichen Struktur von europäischen Juden aufgebaut worden ist. Probleme der Diskriminierung wie die Herabsetzung der Neu-Einwanderer durch die „alteingesessenen" europäischen Juden gibt es auch bei uns. Als „tröstliches" Beispiel erinnere ich meine Schüler immer wieder an die Beziehung zwischen Bayern und Preußen, und dabei fällt mir ein, was ich in Bayern erlebte, als ich 1925 bei einem Onkel meine Sommerferien verbrachte: Eines Tages warfen mir andere Jungen Steine nach und beschimpften mich. Ich dachte natürlich, sie meinten den Juden. Keineswegs! Dort hieß es: „du Saupreiß!"

Es ist leider überall auf der Welt gleich: Toleranz und Humanität werden zu gering geachtet. Die Schulen, die Kindergärten müssen beginnen, die Achtung vor den Anderen (Andersdenkenden, Andersglaubenden, anders Aussehenden) zu lehren. Darum habe ich mich bemüht, gerade die arabischen und orientalischen Schüler besonders zu fördern. Dennoch kam es vor, daß etwa der Junge Aja weinend sagte: „Ich bekam ja nur ein Ungenügend, weil ich aus dem Irak bin." Er konnte nicht verstehen, daß nicht seine Herkunft daran schuld war, sondern die Tatsache, daß seine Leistungen nicht ausreichten, weil sie noch nicht ausreichen konnten.

Ich versuchte, mich nicht im „ashkenasischen Ghetto" einzuschließen wie viele andere, sondern besuchte die Schüler und ihre Familien zu Hause, ging in ihre Gottesdienste, und wurde mit der s'fardischen Kultur vertraut.

Wir hatten immer arabische Schüler in unserer Schule, mehrheitlich Muslime, doch auch Drusen und Christen. Auch sie und ihre Familien habe ich zu Hause besucht, oft weit entfernt in den Dörfern des Galil, von wo aus sie nach Haifa zur Schule kamen. Auf dem Dach meines alten arabischen Hauses entstand ein Treffpunkt mit offener Tür für Jugendliche jeder Herkunft und Religion.

Es ist nicht schwer, einzelne Menschen, jung oder alt, zusammenzubringen, Freundschaften über die Religionen und Kulturen hinweg zu schließen getreu dem Wort: Achte deinen Mitmenschen, denn er ist wie du, wie ich das bekannte Gebot übersetze. Zwischen meinen Pflegesöhnen (meist Jugendliche aus zerrütteten Familien, arabische, drusische und jüdische) und unseren Besuchern solche Freundschaft zu ermöglichen, war nie schwierig. Meine Angst, gegründet auf die Erfahrungen in Deutschland, ist vielmehr, daß solche Freundschaften die Bewährungsprobe nicht bestehen, wenn Fanatiker irgendeiner Seite sagen: Du darfst mit deinem Nachbarn keinen Kontakt mehr haben, weil er Jude, Araber, Muslim, Christ oder sonst etwas ist. Unser Gewissen zwingt uns, solchen Fanatikern nicht zu folgen. Aber wer ist stark genug dazu? Wie wenige waren in Deutschland stark genug? Hans, der in unserem Haus wohnte und den ich täglich traf, grüßte mich schon 1930 nicht mehr. Heimlich flüsterte er mir im Treppenhaus zu: „Mein Bruder hat mir verboten, mit dir zu sprechen. Er ist in der SA." In der Schule aber saß neben mir Karl Schwedhelm, und daran änderte sich auch nach 1933 nichts.

Nie wollte ich nach Deutschland zurückkehren. Die Erinnerung sollte nicht hochkommen, die alten Ängste vor deutschen Uniformen sollten für immer begraben sein. Es war kein Haß in mir, doch Trauer um das Entsetzliche, das geschehen war. Ich fürchtete stets, daß eine Rückkehr nach Deutschland diese Gefühle übermächtig werden lassen könnte. Doch was geschah?

1959 rief mich mein Freund Arje Kroch an: „Du kannst Deutsch. Hier ist eine Gruppe deutscher Pfadfinder, bitte, nimm sie bei Dir auf." Ich lehnte ab. Ich wollte keine Deutschen treffen. Mein Judenstern aus Berlin hängt an einer Wand meines Zimmers mit dem Bibelspruch: „S'chor, al-tischkach" (Erinnere dich, vergiß nicht!). Ich dachte, ich ertrage es nicht, noch einmal Deutsche zu sehen. Aber das Schicksal wollte es anders, und heute bin ich dankbar dafür. Meine Absage erreichte die Gruppe nicht mehr rechtzeitig, und so standen sie plötzlich vor der Tür. Wortlos führte ich sie vor die Wand mit dem Judenstern, dann sagte ich: „Ihr sollt wissen, bei wem ihr seid." Es war eine Gruppe aus der katholischen St. Georgs-

Pfadfinderschaft, begleitet von Erhard R. Wiehn. Sie öffneten mir nach langen, tiefgehenden Gesprächen den Zugang zu den jungen, nachgeborenen Deutschen. Seitdem sind immer wieder Kollegen, Studenten, Schüler aus Deutschland bei mir zu Gast, und seit nunmehr drei Jahren wohnt auch Christian bei mir, ein deutscher Pflegesohn aus Hamburg.

Aber nach Deutschland fahren wollte ich immer noch nicht. Dann kam 1973 eine Einladung des Berliner Senats: „Die ehemaligen jüdischen Bürger Berlins werden eingeladen, die alte Heimatstadt wieder zu besuchen." Jahrelang lehnte ich dankend ab. Erst 1979 wollte ich annehmen. Da sagte eine Freundin zu mir: „Wie kannst du nach Deutschland fahren, nach Berlin? Hast du darüber nachgedacht, was deine Eltern, die in Auschwitz ermordet wurden, sagen würden, wenn sie dich in einem Café am Kurfürstendamm sitzen sähen?" Ich überlegte sehr lange, sprach mit Freunden darüber. Schließlich schrieb ich zurück: „Ich würde gern kommen, aber ich möchte zu jungen Menschen sprechen." Und postwendend kam die Antwort: „Alle Berliner Schulen stehen Ihnen offen." So bin ich gefahren, begleitet von Ewo und zweien meiner Pflegesöhne.

1979 zum ersten Mal. Und seitdem jedes Jahr im Frühjahr und im Herbst. Es blieb nicht beim Besuch Berliner Schulen. Von Pfadfindergruppen, Kirchengemeinden, Universitäten, christlich-jüdischen Gesellschaften wurde ich immer wieder zu Vorträgen eingeladen – in die Bundesrepublik, in die Schweiz, und nun auch in die DDR.

Wieder einmal erlebte ich, daß eine Aufgabe, die mir zuerst wie eine schwere Verpflichtung erschien, die mir Angst machte, eine Bereicherung meines Lebens wurde. Ich lernte junge Deutsche kennen, ihren Wunsch, authentische Zeugen der Vergangenheit zu hören, ihren Ernst, das Geschehene zu begreifen, damit so etwas wie 1933 nie wieder möglich wird. Ich lernte das „andere Deutschland" kennen. Was verschüttet war, brach wieder auf: die innere Beziehung zur alten Heimat, ihrer Kultur und Sprache.

Es gab bewegende Momente. Ich denke an Thorsten in Hamburg, der mich nach einem Vortrag bat, ihm einen Platz in einem Kibbuz zu beschaffen, der dann kam und nächstes Jahr wiederkam und mir offenbarte: „Mein Großvater war aktiver Nazi. Ich möchte mithel-

In der Reali-Schule
Haifa 1979.
Links: Aja aus dem Irak.

Friedrich-Wöhler-
Gymnasium in Singen,
mit einer 7. Klasse.
November 1986.

Edith Wolff und
Jizchak Schwersenz
1982 in Haifa.

fen, das Land der Überlebenden aufzubauen, um mein Gewissen zu beruhigen." Oder die Berliner Taxifahrerin, die mich fragte, woher ich komme und was mich nach Berlin führt. Auf meine Antwort hin stellte sie den Taxameter ab. „Ich bin zwar erst 1943 geboren", sagte sie, „aber ich schäme mich. Bitte lassen Sie mich umsonst für Sie fahren. Bitte nehmen Sie das an."

Immer noch bin ich nicht frei von Angst in diesem Land. Ich weiß, daß der „alte Geist" noch vorhanden ist und sich äußert. Aber die Freunde in Deutschland haben geholfen, daß ich damit umgehen kann, daß ich weiß, ich kann hierher kommen und werde nicht mehr verfolgt.

So hat sich mein Leben von Berlin nach Berlin bewegt und gerundet. Ich bin ein „Wanderer zwischen zwei Welten" geworden, zwischen der neuen Heimat Israel und der alten Heimat Deutschland. Und jetzt, dreißig Jahre nach der ersten Niederschrift, erscheint dieses Buch in dem Land, in dessen Sprache es erzählt und geschrieben worden ist. Es dankt den Menschen, die furchtlos blieben und uns halfen, zu überleben.

Begriffe und Organisationen

Abba: Vater.
Adass Jisroel: 1869 wegen zu weit gehender Reformen von der Jüdischen Gemeinde Berlin abgespaltene orthodoxe Gemeinde.
Af-alpi-chen: „Trotz alledem!", Wahlspruch des Chug Chaluzi.
Aguda-Jugend: Religiös-orthodoxe, nicht-zionistische Jugendgruppe, 1923 gegründet.
Alija: „Aufstieg", das heißt Einwanderung nach Israel, siehe auch: *Jugend-Alija.*
Antisemitismus: Im 19. Jahrhundert geprägter Begriff für religiöse, wirtschaftliche und rassische Judenfeindschaft.
Ashkenasim, Adjektiv *ashkenasisch:* Name für die aus Europa eingewanderten Juden.
Assimilation, Assimilierung: „Anpassung" an die Kultur der (nichtjüdischen) Umwelt; geläufig vor allem im Spanien des 14./15. Jahrhunderts, in Deutschland vor 1933 und heute in den USA.
9. Aw: 9. Tag des Monats Aw (Juli/August), Fasten- und Trauertag zum Gedenken an die Zerstörung des Tempels in Jerusalem im Jahr 70 u. Z. durch die Römer.
Bachad / Brith Chaluzim Datiim: „Bund religiöser Pioniere", Zusammenschluß der religiös geprägten zionistischen Jugendbewegung.
Bar Mizwa: „Sohn des Gesetzes"; *Bat Mizwa:* „Tochter des Gesetzes": Religiöse Volljährigkeit mit Vollendung des 13. Lebensjahres, Einsegnung; Bestätigung des Bundes mit Gott und Übernahme der religiösen Verpflichtungen und Rechte von Erwachsenen. Nur in reformierten jüdischen Gemeinden gibt es auch die Feier der *Bat Mizwa* für Mädchen.

benschen: „beten“, Segenssprüche und Dankgebete nach der jüdischen Liturgie sagen bzw. singen.

Bessamim: (wohlriechende) Gewürze und Kräuter, die in einer besonderen Büchse aufbewahrt werden, um am Sabbat durch ihren Wohlgeruch an die Schönheit und Freude des Sabbat zu erinnern.

Bet Hanoar: „Haus der Jugend“, in den dreißiger Jahren von der *Jugend-Alija* eingerichtete Wohnheime für Jugendliche in Großstädten zur Ausbildung und Vorbereitung für die Einwanderung nach Israel.

Bet Sefer: „Haus des Buches“, Schule.

Bilu, Pl. Biluim: „Pionier“, „Pioniere“, die ersten, um 1880 nach Palästina eingewanderten zionistischen Siedler, zumeist osteuropäischer Herkunft.

Blau-Weiß: 1913 gegründeter erster jüdischer Wanderbund der deutschen Jugendbewegung. Blau-Weiß sind zugleich die zionistischen Farben.

B'ne Brith: „Söhne des Bundes“, 1843 gegründeter internationaler jüdischer Logenverband.

Brith Habonim: „Bund der Erbauer“, Zusammenschluß aus den zionistischen Jugendbünden *Kadima* und *Brith Haolim* (s. u.).

Brith Hanoar: „Jugendbund“, Bezeichnung der orthodoxen zionistischen Jugend, der *Aguda* nahestehend.

Brith Haolim: „Bund der Einwanderer“, zionistischer Jugendbund; später mit dem *Kadima* zum *Brith Habonim* zusammengeschlossen.

Bund der Kameraden: Bewußt deutsche, nicht-zionistische Gruppe innerhalb der jüdischen Jugendbewegung.

Bund Jüdischer Pfadfinder der Schweiz (BIP): 1944 gegründeter zionistischer Jugendbund.

Chala, Pl. Chalot: „Barches“, geflochtenes Hefebrot für *Schabbat* und Feiertage.

Chaluz: „Pionier“; Adjektiv *chaluzisch.* Zionistische Aufbau-und Nachwuchsorganisation, die sich stark am Pfadfindergedanken orientierte und die Einwanderung von Jugendlichen nach Israel förderte.

Chanukka: Fest zur Erinnerung an die Wieder-Einweihung des

Tempels in Jerusalem im Jahr 168 v. u. Z.; ein Lichterfest, das im Dezember gefeiert wird.

Chasak: „Sei stark und fest", Josua 1, 9; Gruß der jüdischen Pfadfinder.

Chawer, Pl. Chawerim: Genosse, Kamerad, Gefährte.

Chawera, Pl. Chawerot: Genossin, Kameradin, Gefährtin.

Chewra: Genossenschaft, Gruppe.

Chug Chaluzi: „Kreis der Pioniere", im Februar 1943 gegründete illegale jüdische Pfadfindergruppe in Berlin.

Centralverein deutscher Staatsbürger jüdischen Glaubens (CV): 1893 gegründeter Verein zur Abwehr des *Antisemitismus*, der bewußt deutsche, nicht-zionistische Interessen vertrat.

Diaspora: Exil, Zerstreuung; hebräisch: *Galut* oder *Gola.*

Displaced person: Durch Verschleppung, Krieg u. ä. heimat- und staatenlos gewordene jüdische und nicht-jüdische Menschen.

El male rachamim: „Gott allen Erbarmens", Beginn des Gedenkgebetes für Märtyrer.

Erez Israel: „Land Israel".

Esra: Religiös-orthodoxer zionistischer Jugendbund.

Galut: Exil, Zerstreuung, vgl. *Diaspora, Gola.*

Gesetzesfreude, Fest der: vgl. unter *Simchat Tora.*

Gola: Exil, Zerstreuung; vgl. unter *Diaspora, Galut.*

Goj, Pl. Gojim: Nichtjude.

Hachschara: „Vorbereitung" auf die Einwanderung nach Israel.

Hachschara-Zentrum, -Kibbuz, -Lager: landwirtschaftliche oder handwerkliche Ausbildungsstätten, Lern-Bauernhöfe und Genossenschaften.

Jugend-Alija: Von der zionistischen Bewegung organisierte Vorbereitung und Einwanderung Jugendlicher nach Israel.

Jugend-Alija-Schule („Jual"-Schule): Allgemeinbildende Schule der Jugend-Alija in Berlin.

Ha Schalschelet: „Kette", Lied der Jugend-Alija-Schule.

Hanhaga: Leitung, Direktion.

Hanoar Ha'ole: Jugend-Alija.

Haschomer Hazair: „Der junge Wächter", Jugendorganisation der zionistischen Arbeiterpartei.

Hatikwa: „Die Hoffnung“, Hymne der zionistischen Bewegung, heute Nationalhymne des Staates Israel.

Hawdala: „Unterscheidung“, Zeremonie am Samstagabend zur Trennung zwischen *Sabbat* und Alltag.

Hechaluz: „Der Pionier“, vgl. unter *Chaluz.*

Hineni muchan u-suman: „Siehe, ich bin bereit zum Zählen“, Beginn des Gebets beim *Omer*-Zählen, vgl. unter *Omer.*

Histadrut: Gewerkschaftsbund in Palästina/Israel.

Horra: Bekanntester israelischer Volkstanz.

Imma: Mutter.

Ivrit: „Hebräisch“.

Jecke, Pl: Jeckes: Spottname für die aus Deutschland nach Israel eingewanderten Juden.

Jewish Agency (for Palestine): Offizielle internationale Vertretung sowie Hilfsorganisation der zionistischen Bewegung mit Sitz in New York und Büros in einzelnen Ländern.

Jom Hazofim: Tag der Pfadfinder, wird am *Neujahrsfest der Bäume* im Frühling gefeiert.

Jom Kippur: „Tag der Versöhnung“, höchster Feiertag des jüdischen Jahres am Ende der Bußtage im Herbst nach dem Neujahrsfest. Am *Jom Kippur* wird streng gefastet.

Jüdische Jugendhilfe e. V.: Organisatorischer Zusammenschluß aller *Jugend-Alija*-Gruppen.

Jüdisch-Liberale Jugend: Gruppe der jüdischen Jugendbewegung, die religiös bewußt vom liberalen Reformjudentum bestimmt war.

Jüdischer Pfadfinderbund Deutschlands (JPD): Deutsch-jüdischer Jugendbund.

Kadima: „Vorwärts“, jüdischer Pfadfinderbund, später mit dem *Brith Haolim* zum *Brith Habonim* vereinigt.

Kaschrut: Jüdische Speisevorschriften.

Keren Kayemet Le'Jisrael (KKL): Jüdischer Nationalfonds, 1901 zum Landkauf in Palästina „zum ewigen Besitz des jüdischen Volkes“ gegründet.

Kibbuz, Pl. Kibbuzim: Landwirtschaftliche Genossenschaftssiedlung; in der *Jugend-Alija*-Bewegung auch: Vorbereitungslager; vgl. unter *Hachschara.*

Kibbuznik: Angehöriger eines Kibbuz.

Kiddusch: „Segen“ über Brot und Wein am *Sabbat*-Abend und sonst bei besonderen Gelegenheiten.

Kohelet: Buch der hebräischen Bibel, „Prediger Salomo“ in der Lutherübersetzung.

koscher: „rein“, das heißt zum Essen geeignet beziehungsweise erlaubt.

Kulturbund deutscher Juden: Kulturelle Organisation während der NS-Zeit, die Theateraufführungen, Konzerte und ähnliches für Juden organisierte, als diese die allgemeinen Kultureinrichtungen nicht mehr besuchen durften.

Kwuza, Pl. Kwuzot: Gruppe, Kleingruppe, Untergruppe.

Madrich (m), Madricha (w): Erzieher(in), Jugendleiter(in); im damaligen Sprachgebrauch: Jugendführer, Jugendführerin.

Makkabi Hazair (Brith Hazofim): „Der junge Makkabäer“, Pfadfinderbund in der jüdischen Jugendbewegung.

Maoz Zur jeschuati: „Hort und Felsen meiner Rettung“, Beginn eines *Chanukka*-Liedes.

Mazza, Pl. Mazzot: Ungesäuertes Brot, das am *Pessach-Fest* gegessen wird, an dem alles „Gesäuerte“, d. h. mit Sauerteig, Hefe o. ä. Zubereitete, verboten ist.

Merkas: Zentrale.

Mischeberach: „Der, der segnete ...“, Gebet um Segen und Bewahrung nach der *Tora*-Lesung im Gottesdienst am Sabbatmorgen.

Mischna: Mündliche Lehre. Bezeichnet den im 3. Jahrhundert schriftlich niedergelegten ältesten Teil des *Talmud*, um den die weiteren talmudischen Diskussionen aufgebaut sind.

Misrachi: Religiös-orthodoxe zionistische Partei.

Nebo: Berg östlich des Jordan, auf dem Moses starb.

Neujahrsfest der Bäume: Frühjahrsfest, an dem junge Bäume gepflanzt werden, die an das neue Wachstum erinnern.

Omer-Zählen: Die 50 Tage zwischen *Pessach* und *Schawuot* werden besonders gezählt. *Omer* war die erste Getreide-Opfergabe, die während dieser Zeit zum Tempel in Jerusalem gebracht wurde.

OSE: Internationale jüdische Kinderschutzorganisation.

Ostjuden: Die in Osteuropa lebenden Juden, die während des Mittelalters zumeist aus Deutschland vertrieben nach Polen, Rußland und in die baltischen Länder kamen. Auch *„Aschkenasim"* (Deutsche) genannt.

Palästina-Amt: Zentrale der zionistischen Bewegung Deutschlands in Berlin.

Pessach: „Passa", Fest im Frühjahr zum Gedenken an die Befreiung Israels aus Ägypten, mit eigener Liturgie für den häuslichen Gottesdienst.

Pogrom: Judenverfolgung.

Rabbi, Rabbiner: Lehrer; jüdischer Theologe.

Reichsverband jüdischer Jugendorganisationen: bis 1938 bestehender Zusammenschluß aller jüdischen Jugendgruppen und -verbände in Deutschland.

Reichsvertretung der deutschen Juden, seit Juli 1939 *Reichsvereinigung der Juden in Deutschland:* Offizielle Vertretung der jüdischen Gemeinden und Organisationen in Deutschland während der NS-Zeit.

Rosch Haschana: „Kopf des Jahres", Neujahrsfest, das im Herbst gefeiert wird.

Schabbat: „Sabbat", Samstag, Feier- und Ruhetag. Wie jeder jüdische Tag, so beginnt auch der *Sabbat* am Vorabend (Freitagabend), da die Zählung eines Tages jeweils von Sonnenuntergang bis Sonnenuntergang rechnet. *Erew Schabbat:* Vorabend des *Sabbat*, Freitagabend, *Sabbat*-Beginn.

Schabbat-Lichter: Zwei Kerzen, die zum Beginn entzündet werden.

Oneg Schabbat: „Freude des Sabbat", fröhliche Feier am Samstagnachmittag.

Schaliach, Pl. Schlichim: „Gesandter", wird zumeist für Vertreter israelischer Organisationen und Gruppen in der *Diaspora* gebraucht.

Schalom: „Frieden", hebräischer Gruß und Wunsch.

Schawua tow: „Gute Woche"; Wunsch nach Ende des Sabbat für die folgende Woche.

Schawuot: „Wochenfest", Fest zur Erinnerung an die Gabe der *Tora,* 50 Tage nach dem *Pessachfest.*

s'chor, al-tischkach: Erinnere dich, vergiß nicht!

Schwarzes Fähnlein: Deutsch-nationale jüdische Jugendgruppe.

Schweizerischer Israelitischer Gemeindebund: Zusammenschluß der jüdischen Gemeinden in der Schweiz.

Seder: „Ordnung".

Seder-Abend: Beginn des *Pessachfestes* mit eigener Liturgie und besonderen Speisen.

Semira, Pl. Semirot: „Lied", Gesänge, die vor allem am Sabbat und an den Feiertagen gesungen werden.

S'fardim; Adjektiv *s'fardisch:* Name der aus Spanien und den Mittelmeerländern stammenden Juden, auch für die Juden aus arabischen Ländern.

Simchat Tora: „Freude des Gesetzes", Fest im Anschluß an das Laubhüttenfest im Herbst, an dem die biblische *Tora*-Lesung beendet und gleichzeitig mit dem 1. Buch Mose wieder begonnen wird.

Sukkot: „Laubhüttenfest", Erntefest im Herbst, währenddessen man in Laubhütten lebt, um an die 40jährige Wüstenwanderung des Volkes Israel zu erinnern. *Sukkot* liegt direkt vor dem *Fest der Gesetzesfreude.*

Synagoge: „Versammlung", Lehr- und Gottesdiensthaus.

Szicha, Pl. Szichot: Diskussion, Debatte.

Talmud: die mündliche Lehre, umfaßt die bis zum 8. Jahrhundert überlieferten rabbinischen Diskussionen und Auslegungen der Bibel und der jüdischen Religionsgebote.

Tarbut: „Kultur".

Tenach: Gebräuchliche Abkürzung für die Hebräische Bibel, zusammengesetzt aus *Tora – Nebiim – Ketubim,* das heißt Fünf Bücher Mose, Propheten, Schriften (Namen der drei großen Bibelteile).

Tefillin: Gebetsriemen, Lederbänder um Kopf und linken Arm, die beim Morgen- und Abendgebet angelegt werden und die auf 5. Mose 6, 8 zurückgehen: „Du sollst sie (diese Worte) binden zum Zeichen auf deine Hand, und sie sollen dir ein Merkzeichen sein zwischen deinen Augen."

Tischa-be-Aw: 9. Aw, Tag der Erinnerung an die Zerstörung des Tempels in Jerusalem.

Tora: „Weisung, Gebot, Lehre", zudem Name der 5 Bücher Mose.

Tora-Rolle: Pergamentrolle, auf der die Texte der Mosesbücher abgeschrieben sind.

Tora-Lernen: Wesentliches Gebot im Judentum. Jeder erwachsene Jude soll den Abschnitt aus der *Tora* „lernen", das heißt mit Kommentaren lesen, der am jeweils folgenden Sabbat im Gottesdienst gelesen wird.

Ulpan, Pl. Ulpanim: Sprachkurse für Neu-Einwanderer in Israel.

Waad: „Ausschuß"; Jugendvertretung im Kibbuz.

Werkleute-Bewegung: Eine von Martin Buber beeinflußte Erziehungsbewegung in den zwanziger Jahren, die sich stark für Reformen im Erziehungswesen einsetzte.

Westjuden: Die Juden im westlichen Europa. Während die liberalen und assimilierten Juden in Deutschland sich zu den „Westjuden" (im Unterschied zu den „Ostjuden") rechneten, sind im strengen Sinn nur die Juden spanischer Herkunft „Westjuden" oder *S'fardim*, das heißt die Juden der orientalischen Länder sowie die Nachkommen der 1492 aus Spanien nach Westeuropa geflohenen Juden.

Ze'ire Misrachi: „Junge Menschen des Misrachi", Jugendverband der religiös-orthodoxen Zionisten.

Zentralausschuß der deutschen Juden für Hilfe und Aufbau: Zusammenschluß der karitativen und sozialen Hilfsorganisationen der deutschen Juden.

Zionismus: Nationalbewegung des jüdischen Volkes mit dem Ziel der Rückkehr nach Palästina/Israel und dem Aufbau eines Gemeinwesens dort. Die „zionistische Bewegung" wurde 1897 auf dem 1. Zionistenkongreß international organisiert, auf dem auch die „zionistische Weltorganisation" gegründet wurde.
Innerhalb der zionistischen Bewegung gibt es unterschiedliche politische und religiöse Gruppen und Parteien mit je eigenen Organisationen und Jugendverbänden.

Zofim (Pl.): „Pfadfinder".

zofisch: den Pfadfinder-Idealen entsprechend, bündisch.

(Zusammengestellt und erläutert von Ulrike Berger)

Personen

Berliner Straßen und Gegenden

Orte

Den Lesern von Jizchak Schwersenz empfehlen wir diese vier Bücher aus unserem Programm.

Peter Heilmann (Hg.): So begann meine Nachkriegszeit. Männer und Frauen erzählen vom Mai '45. Eine sehr persönliche Geschichtsschreibung, die mehr aussagt als lange Abhandlungen. Wer wissen will, wie der Alltag damals ausgesehen hat, der muß diese 28 Geschichten lesen.
168 S., mit 56 Fotos, kt. 19,80 DM.

Wolfgang See, Rudolf Wekkerling: Frauen im Kirchenkampf. Beispiele aus der Bekennenden Kirche Berlin-Brandenburg 1933-1945. Geleitwort Renate Scharf. Zehn Porträts. Der kirchliche Widerstand gegen Nazis und „Deutsche Christen" war nicht nur Männersache. Ohne Frauen lief nichts.
164 S., kt. 19,80 DM.

Wolfgang See: Der Apostel Paulus und die Nürnberger Gesetze. Traktat über den abendlandlangen Antisemitismus der Christen. Der christliche Antisemitismus gehört als „Erbsünde" von Anfang an zum christlichen Denken. Eine provozierende These.
128 S., kt. 16,– DM.

Arno Reinfrank: Heuschrecken am Horizont. Gedichte. Mit 16 Zeichnungen von Harry Jürgens. Die im Alten Testament genannten Tiernamen sind in ihrer Symbolkraft rigoros neubewertet und haben plötzlich mit unserer Gegenwart zu tun.
160 S., geb. 28,– DM.

Wichern-Verlag
Bachstraße 1-2
1000 Berlin 21